ひとり出版入門

つくって 売る ということ

JN079711

よはく舎　　　　　　　　　　宮後優子

なぜ、ひとり出版社が増えているのか？

　自分がつくりたい本を自由につくることができたなら、どんなに楽しいでしょうか？　編集者、ライター、著者、翻訳者、デザイナー、イラストレーター、写真家、印刷関係者など、本づくりに関わったことがある人ならば、一度はそう思ったことがあるかもしれません。自分が書きたい文章、載せたいビジュアル、好きなデザインで、こだわりの本ができたら……。

　同人誌ならばそのような本をつくりやすいのですが、出版というビジネスの中でつくる場合には刊行スケジュールや製造コストも守らねばならず、「もう少し刊行時期を延ばしてもらえたら、造本にお金をかけられたら、いい本になったのに……」ということも少なくありません。

　実際、出版社から書籍を刊行する場合には、その本を出版して利益が出るのかどうかを検討しなければならず、会社の資金繰りの都合で刊行スケジュールを延ばせなかったり、一定の利益を確保するために製造コストをあまりかけられなかったりすることもあります。また、出版社の意向でタイトルやデザインを変えたり、価格や部数を調整したりする場合も少なくありません。ときには売れそうなタイトルに変えたり、文字を大きくしたり、著者やデザイナーが望まない変更を加えたりすることもあります。それで本

が売れればよいのですが、売れなければ誰も報われません。

　そうした反動からか、本のつくり手が製造から流通まですべてをコントロールし、納得のいく本、著者にも読者にも喜んでもらえるような本をつくりたい——そのように考え、個人で出版を始める方が近年増えてきています。いわゆる「個人出版、ひとり出版」と呼ばれる業態です。個人でも書籍を流通できる仕組みが整ってきたことや、SNSの利用で刊行告知がしやすくなったことなども追い風になっています。

　特に、アートやデザインなど、ビジュアルが中心になる書籍では、こだわってつくるタイプの本が多く、凝った造本の本も増えています。これらの本は、多くの部数が見込みづらく、製造コストもかかるため、既存の出版社では採算がとりづらく、融通のきく個人出版のほうが取り組みやすい側面もあります。個人であれば、「この本はあまり利益が出ないけど、次の本は出そうだから、その年度内の会計で収支を調整しよう」と、フレキシブルに動けるのです。多くの出版社では決められた製造コストやスケジュールを守らなければならないため、「もっと柔軟に本をつくりたい」と思っても、なかなか難しいのが現状です。

そんなこともあり、2018年に芸術書のひとり出版社を始めました。最初に刊行した書籍は『うさぎがきいたおと』という絵本でした。絵本といっても子どものための児童書ではなく、大人のためのアートブックで、本のジャンルとしては芸術書に相当します。木版画家の繊細な作品を高度な印刷技術で再現して、手製本で1冊ずつ丁寧に仕上げていただきました。すべて手作業で製本しているため、時間もコストもかかっていますが、納得のいく仕上がりになったと思います。丁寧につくられた本をほしいと思ってくださるお客様や取引先に支えられ、1000部をほぼ売り切りました。

　こうした本は、既存の出版社では採算がとれず、出版の企画が通りにくいのですが、ひとり出版では、カフェなど書店以外の店舗で販売したり、原画展を企画して原画とともに販売したりできるため、多角的な販売が可能になりました。ひとり出版だからこそ出せた1冊といえるでしょう。

　ひとり出版をしていると、「自分も出版を始めたいので、始め方を教えてほしい」「過去に出した本が絶版になってしまったので、版権を引き上げて、自分で出版したい」などの相談を受けることが増えてきました。編集者やデザイナーなど、本づくりにかかわる仕事をしている方々から、「本のつくり方は知っているが、出版流通の仕組みがわからない

ので、教えてほしい」と相談されたこともありました。私自身も長らく出版社の編集者として本をつくってきましたが、いざ自分で出版業を始めるとなると、出版流通や書店営業をどうすればよいのか、わからないことだらけでした。先に始めたひとり出版社の方々にいろいろと教えていただきましたが、情報収集に苦労したので、「こんな本があったら、もっと楽だったな」と、当時の自分がほしかった情報を本にまとめようと思いました。

　ですから、本書は編集ノウハウについて書かれた本ではなく、「自分で本をつくり、全国の書店やネットで販売したい」という方のために書かれた本です。既存の出版社と同じように事業として出版を始めたい方に向けて、ひとり出版社を始めるにあたり必要な知識や具体的なプロセスを解説しています。

　1章「本のつくり方」では、本ができるまでのプロセスを30工程に分類し、それぞれの工程でどんなことをすればよいのか具体的に説明しています。「企画を立てる」から「書籍の発売」まで、本の製造から流通に必要な各プロセスを紹介します。出版講座で質問を多くいただいていた翻訳出版の実務についても解説を加えました。本づくりは複数の仕事が並行して進んでいくので、全体のプロセスを把握して、スケジュールを管理することが必須です。「で、次は

何をするんだっけ？」と思ったときの確認リストにもなります。

　番外編では、翻訳出版の手続きについて解説します。海外で出版された本の版権を取得して、日本語版を刊行する場合と、それとは反対に、日本で出版された本の版権を海外に販売する場合の実務について説明しています。

　2章「本の売り方」では、できた本を流通させるための方法を説明しています。始めやすい方法から難易度の高い方法までを紹介しているので、つくる本の内容や出版のスタイルによって、どの流通方法を選ぶか、検討できるように構成しています。紙の書籍のほか、電子書籍出版についても解説します。

　3章「ひとり出版社の運営」では、さまざまなジャンルやスタイルのひとり出版社にヒアリングを行い、どのように運営しているのかを具体的にまとめました。すでに始めていらっしゃる方々の実情を知ることは、これから始める方々の参考になるのではないかと思います。

　また、印刷所の紹介、紙などの資材、物流時の汚れを防ぐ方法や送料を安くおさえるコツなど、出版社を運営する上で役立つ情報はコラムにまとめました。

私が担当しているジャンルが芸術書のため、アート、デザイン、イラスト、写真など、ビジュアル中心の本をつくることを想定して、本書を執筆しています。これらの本は、著者がひとりで執筆する読み物の本と比べると、どうしても製造コストがかかってしまいます。そのため、本書は編集者、著者、翻訳者、デザイナー、クリエイターなど、自分でコンテンツをつくることができる方々を読者対象としています。その方の専門分野の作業を自分で行ってもらい、コストをおさえることが前提になっています。全部外注したい方や、出版によって知名度を上げてビジネスに活用したい方には、「期待していた内容と違う」と思われるかもしれません。あくまでも、つくり手が納得いく本をつくり、それを求める読者に渡すこと、従来の出版ビジネスの中では刊行しづらい本を刊行することを目的とした本です。それによって、丁寧につくられた本が増え、読者が増え、さらに多くの本が世に出て行くことを考えています。ひとり出版が増えることで、多様性のある本が増え、出版文化がより豊かになっていくこと——それが著者の願いです。

　本書は、ただやみくもにひとり出版を勧める本ではありません。実際に自分で始めてみて感じた難しさについても正直に書いています。特に出版を続けるために必要なお金のことなども具体的にまとめました。実際、出版を続けていくためには、計画性や経営感覚も必要になってきます。

「この本を読んだら明日から出版社が始められる！」と、みなさんの背中を無責任に押すのではなく、むしろ「始める前によく考えて！」という願いをこめました。本をつくるところまではできても、その先の売るところでつまずくことも少なくないのです。本を出版したら、その本が市場にあるかぎり、ずっと売っていかなくてはなりません。本当に出版を続けられるのか、続けていくことの覚悟と責任が問われる仕事でもあるのです。

「それでも自分で本をつくりたい」という方には、本書はきっとお役に立てると思います。これから編集者を目指す方や、いつかひとり出版を始めてみたいと思う方にもぜひ読んでいただきたいです。自分がつくりたい本をつくりたいようにつくる自由は、ほかの何ものにも替えられません。この楽しさをあなたもぜひ体験してみてください。

・本書で紹介している情報は、2022年7月現在のものです。
・条件が変更される場合もあるので、必ず最新情報をご確認ください。

もくじ

1章

本のつくり方

この本を手にとられた方は、「自分も本をつくってみたい」「出版を始めたい」と考えていらっしゃる方かと思います。すでに出版社で書籍編集の経験がある方は始めやすいかもしれませんが、執筆やデザインなど部分的に本づくりにかかわってこられた方々には書籍制作の全体像がつかみづらいかもしれません。

　そこで本書では最初に書籍制作の全体像を把握していただくために、普段編集者が行っている書籍制作のプロセスを具体的に説明することにしました。書籍制作に関わる業務をひとつずつ分解し、全部で30のプロセスに分類しています。同時に複数の仕事を並行しながら進めることもありますが、このプロセスを順に進めていけば、本ができるはずです。

　刊行日からさかのぼって、いつごろ、どんな仕事を進めていけばよいか、スケジューリングできるように解説していますので、これを参考に本づくりを進めていただければ幸いです。

本をつくるプロセス

　この章では、本づくりのプロセス30工程について、それぞれ説明していきます。本づくりでは、まず全体のプロセスを把握し、刊行スケジュールを立てます。複数のプロセスが並行して進んでいくため、それぞれのプロセスが滞りなく進行しているかどうか、進捗状況を確認することが重要になります。本づくりの30工程は以下のとおりです。

1. 企画を立てる
2. 著者と打ち合わせする
3. 企画書をつくる
4. 原価計算をする
5. 企画内容を確定する
6. 台割とスケジュールをつくる
7. 著者に原稿を依頼する
8. 原稿整理をする
9. 写真撮影や図版の手配をする
10. デザイナーに中ページのデザインを依頼する
11. ISBNを割り振る（バーコードとスリップ作成）
12. デザイナーに表紙のデザインを依頼する
13. 束見本を発注する
14. 用紙を確定して印刷代を計算する
15. 著者・編集者が校正する
16. 校正者が校正する
17. 文字や画像をDTPで修正する

18. 定価を決めて注文書を作成する

19. 受注して刷り部数を決める

20. 書誌データを登録する

21. 印刷所へ入稿する

22. 色校をチェックする

23. 色校を印刷所へ戻す（校了）

24. 電子書籍を作成する（必要があれば）

25. 刷り出しや見本をチェックする

26. 制作関係者やプレスに見本を送付する

27. 販促をする（イベントの企画やプレスリリースの作成）

28. 請求書をもらい支払い処理をする

29. 書店で確認する

30. 発売後の売れ行きを見ながら追加受注をする

　それでは順番にプロセスを見ていきましょう。

1 | 企画を立てる

　本づくりで最初にする仕事が「企画を立てる」です。ぼんやりと「こういう本がつくりたいな」というところからスタートして、「どんな本を誰に向けてつくるのか」「制作にいくらくらいかかり、どのくらいの人が買ってくれて、利益が出るのかどうか」を具体的にシミュレーションしていきます。

「こういう本がつくりたい！」という著者や編集者の気持ちが強すぎると、読者そっちのけの、ひとりよがりの企画になりかねません。「実際に本になったら、どういう人が買ってくれるのか？」をかなり具体的に、解像度高く想定しておくことが必要です。知り合いで「この人は買ってくれそう」という方にヒアリングしてもいいでしょう。「読者がどのような本を求めているのか？」という視点を忘れないようにしてください。

　その上で、「著者が表現したいこと」と「読者が求めていること」のバランスを考えます。著者の思いだけでつくった本は読者不在になりますし、読者優先が行き過ぎると著者が不完全燃焼になりかねません。両者が納得できる落としどころを探りながら、企画内容を客観的にチューニングし、本という商品にしていくのが編集者の仕事です。

例えば、あるイラストレーターの作品集をつくる場合、その作家の全仕事を載せるのか、抜粋なのか、また、それらを時系列で掲載するのか、テーマ別に分けるのか、初画集なのか、2冊目以降なのか、を考えなければなりません。どのような構成にしたら著者も読者も満足できるのか、を探っていきます。作品集のような書籍では、読者（著者のファン）に「期待していた本と違う」と思われないよう、作家の世界観を丁寧に再現していかなくてはなりません。

　また、建築家の作品集であれば、同業者が仕事の資料として買う可能性が高いため、時系列よりも建物のジャンル別に掲載したほうが読者にとっては使いやすいでしょう。特定のファンがいるアーティストの作品集であれば、長年応援しているファンのために、時系列で紹介したほうがいいかもしれません。その本の読者が何を求めているのか、をよく考えて企画を立てることが重要です。

[類書の調査]
　企画の骨子がおおよそ決まったら、類書の刊行状況を調べます。書店店頭で調べる方法と、チェーン系書店のPOSデータ（店舗のレジで取得された販売実績データ）を見る方法があります。

　まず、出したい本の企画ができたら、同じ著者、同じ分

野の類書を書店で探します。なるべく大きな書店に行き、そのジャンルの棚を見ます。売れている本は、平台（書店入口などにある平らなディスプレイ台。平台には新刊や売れ行き好調書が置かれる）や目立つ場所に置かれているので、どんな本が売れているのかチェックします。ネットで検索するより、実際の店舗で見たほうが実物の本をぱっと確認できるので便利です。売場をざっと見渡すことで、どのような類書が出ているのか、店頭でどのように販売されているのか、をおおまかに把握することができます。また書店員の意見を聞くことも有効です。

　次にチェーン系書店が集計しているPOSデータを見て、類書がどのくらい売れているのかを調べます。業界でよく参考にするのは、紀伊國屋書店のパブラインや丸善ジュンク堂書店のうれ太などです。それぞれ自社のチェーン系列の書店で、どんな本が何冊売れたのか、詳細なデータをとることができます。それ以外にも取次（書籍の流通を行う会社）が集計しているPOSデータもあります。主なPOSデータサービスは以下のとおりです（POSデータの閲覧には事前の申し込みと月々の利用料が必要です）。

▶ 主なPOSデータサービス
・KINOKUNIYA PubLine（紀伊國屋書店）
　https://publine.kinokuniya.co.jp/publine/

・POSDATA うれ太（丸善ジュンク堂書店）
http://www.junkudo.co.jp/

　多くの出版社は、これらのPOSデータで類書の売れ行き
を調べ、企画を立てるときの参考にしています。類書がこ
とごとく売れていないような場合は、そもそもそのジャン
ルの読者があまりいない可能性があるので、企画を考え直
したほうがいいかもしれません。出版社によって売れてい
たり、売れていなかったりする場合は、そのジャンルの読
者はいるものの、本の内容や出版社の販売力、刊行のタイ
ミングなどによって、売れ行きに差が出ていると考えられ
ます。このように、データを参考にしながら、自分が立て
た企画の精度を上げていくのです。

　ただし、これらのデータはあくまでも参考資料です。過
去に売れていても今は売れない、あるいはその逆もありえ
ます。同じ内容でも時代によって売れ方が大きく異なるこ
とがあるので、データに頼りすぎないほうがよいでしょう。
データを調べたり、ほかの人の意見を聞いたりすることは
大切ですが、ひとり出版社の場合は、最終的に出版するか
しないかは自分で判断するしかないのです。

2 | 著者と打ち合わせする

　類書を調べ、「これはいけそう、読者がいそう」という感触をつかんだら、著者と打ち合わせをします。著者からの持ち込み企画の場合、類書を調べるよりも先に著者と打ち合わせすることもあります。その場合は、どんなことを書きたいのか、著者の希望をまず聞くことになります。自分で企画を立てて執筆依頼をする場合は、なぜこの本を書いてほしいのかを著者に説明します。著者との打ち合わせで話し合う内容は以下になります。

・一言で言うと何の本なのか
・具体的な構成案
・読者対象
・本のボリューム（サイズとページ数）とイメージ
・本の価格帯
・刊行時期、制作スケジュール
・著者への支払い
・出版契約書の内容確認
・制作メンバー（デザイナー、印刷所など）

　打ち合わせの主な目的は、著者と編集者で互いに考えていることをすりあわせることです。どんな本になるのか、互いのイメージが違うままスタートしてしまうと、あとで困るこ

とになります。この打ち合わせの段階では細かい構成が決まっていなくてもよく、企画書をまとめられるくらいの情報がわかれば大丈夫です。おおよその方向性と内容が見えてくるまで、著者と何度か打ち合わせをすることもあります。

[支払い]

　気をつけなければならないのが、支払いについてです。出版社に所属する編集者の場合、社内の会議で企画が正式に通ってから支払い条件について著者に話すことがありますが、ひとり出版の場合、出版することはほぼ決まっているため、最初から支払い条件について著者ときちんと話し合っておく必要があります。印税（本の冊数に応じて著者に支払われる代金）なのか、原稿料なのか、支払いは書籍刊行から何か月後になるのかなどの条件を相談します。

　印税の場合は、書籍本体価格に対するパーセントで設定し、重版（2回目以降の印刷）以降は実売部数（実際に売れた冊数）に応じて支払います。著者の単著または数人の共著の場合は印税支払い、雑誌のように複数の書き手が原稿を書く場合は、初版（初回の印刷）時のみ決められた金額を支払う原稿料支払いになるのが一般的です。共著などで執筆者の人数が多いときは各人と出版契約書を交わして支払うのが煩雑だったり、分割するとひとりあたりの印税が少額になってしまったりします。例えば、論文集や雑誌

など、かかわる執筆者が多い場合には原稿料で支払うことが多いです。原稿料になる理由やひとりあたりの支払額を事前に著者全員に伝え、了解を得ておきましょう。印税支払いか、原稿料支払いか、どちらでも可能な場合は著者と相談して決めることもあります。

おおよその支払いの金額と時期を最初に著者に伝えておかないと、トラブルになることもあるので、ご注意ください。原価計算（p.38）をしてみないといくら払えるのか、わからない場合には、「原価計算後に支払いについてご相談させてください」と伝えます。具体的な制作が始まるときまでに著者に出版契約書の雛形（定価や部数が書き込まれていない状態のもの）を渡し、このような条件で出版契約を結ぶという同意を得ておくのが安全です。

また、印税には保証印税と実売印税があります。保証印税は売れても売れなくても初版の刷り部数分の印税を支払う方法。実売印税は、実際に売れた部数のみ印税を支払う方法で、あまり印税を支払えない場合に使われます。保証印税か実売印税かは出版社で決まっていることもあれば、本ごとに著者と話し合って決める場合もあります。

保証印税の場合、初版発行時に初版部数分をすべて支払う場合もあれば、初版部数の50〜70％を支払い、あとは売

上に応じて精算して払う場合もあります。初版を全部売り切ることは少ないので、初版の50〜70%としておくのは現実的な設定とも言えます。印税を初版の50〜70%で支払う場合には必ず著者の了解をとっておいてください。「初版部数分で払われると思ったのに払われなかった」と誤解され、トラブルの原因になります。また、2刷（重版）以降をどうするかも決めておいたほうがよいでしょう。重版以降も同じ印税率の場合もあれば、印税率を上げる場合もあります。著者が気持ちよく執筆できるよう、よく話し合っておくことが重要です。

　一方、原稿料支払いの場合には、印税と異なり、重版以降の支払いは基本的には発生しません。出版契約書を交わさないことが多いため、トラブルにならないよう、著者に書面で説明し、合意しておくことが大切です。

　支払いの確認ができたら出版契約書をつくります。この段階では定価や部数の欄は空けたままにしておき、部数が決まってから正式な契約書をつくることが多いです。出版契約書は、日本書籍出版協会のウェブサイトからダウンロードできます（紙、電子、紙＋電子の3種類あり）。

・ 出版権設定契約ヒナ型
　 https://www.jbpa.or.jp/publication/contract.html#pdf1/

3 ｜ 企画書をつくる

　著者と打ち合わせをして、書籍の概要が見えてきたら、企画書をつくります。ひとり出版社の場合は社内会議がないため、必ずしも企画書が必要なわけではありません。ではなぜ企画書をつくるのかというと、企画書を書きながら企画に曖昧な点がないかを確認するためと、仕事を依頼する方に企画内容を伝えるために必要になるのです。

　出版社によって、企画書のフォーマットは異なりますが、おおよそ以下の項目にそって、企画書を作成していきます。

▶ 企画書の項目
① 本のタイトル
② 著者、プロフィール
③ 仕様（本のサイズ、ページ数、印刷の色数など）
④ 予価、部数
⑤ 刊行時期、スケジュール
⑥ ジャンル
⑦ 対象読者
⑧ 企画意図
⑨ 類書とその売れ行き、相違点（差別化）
⑩ 構成、目次案
⑪ 紙面サンプル
⑫ 原価計算

『〈美しい本〉の文化誌』の企画書

出版企画書

2019/12/01
Book&Design

1）タイトル　2）著者名、著者プロフィール

『〈美しい本〉の文化誌　装幀百十年の系譜』
臼田捷治著（デザインジャーナリスト、『デザイン』元編集長）

3）仕様　4）予価・部数

四六判・丸背上製本・336 ページ（カラー口絵 16 ページ、モノクロ読み物 320 ページ）
刷り部数 2000 部・本体価格 3000 円＋税

5）発売時期

2020 年 4 月

6）本のジャンル、概要

ジャンル：芸術書・装幀または人文書
概要：夏目漱石以降、約百十年にわたり日本で出版されてきた「美しい本」約 350 冊の
ブックデザインをふりかえる近代装幀史の本。

7）読者層

美しい装幀に興味がある読者

8）企画意図

「本が売れない」と言われる現在、出版の現場では製造原価が削減され、造本にあまり予算がかけられ
なくなってきています。そのような状況でも「美しい本」をつくりたいと思う出版社、そんな本を手に
したいと思う読者は少なくないと思います。美しい本をつくるのがむずかしくなりつつある昨今、日本
の近代装幀史を振り返り、これからの造本のあり方を問う本書は出版する意義があると考えられます。

9）類書とその売れ行き

『装幀時代』（晶文社、0000 年、四六判 000 ページ、本体価格 0000 円、実売 0000 部、消化率 00%）
『装幀列伝』（平凡社、0000 年、四六判 000 ページ、本体価格 0000 円、実売 0000 部、消化率 00%）
『工作舎物語』（左右社、0000 年、四六判 000 ページ、本体価格 0000 円、実売 0000 部、消化率 00%）

10）目次案

1. 日本の装幀史を素描する
2. 目もあやな装飾性か、それとも質実な美しさか
3. 様式美を支える版画家装幀と〈版〉の重みと
4. 装幀は紙に始まり紙に終わる－書籍のもとをなす〈用紙〉へのまなざし
5.〈装幀家なしの装幀〉の脈流－著者自身、詩人、文化人、画家、編集者による実践の行方
6. タイポグラフィに基づく方法論の確立と 書き文字による反旗と
7. ポストデジタル革命時代の胎動と身体性の復活と

11）サンプル別紙参照

12）原価計算表

2000 部、2500 円の場合
完売時売上：000 万円
実入金額　：000 万円
総原価　　：000 万円
原価率　　：00%

2000 部、2800 円の場合
完売時売上：000 万円
実入金額　：000 万円
総原価　　：000 万円
原価率　　：00%

2000 部、3000 円の場合
完売時売上：000 万円
実入金額　：000 万円
総原価　　：000 万円
原価率　　：00%

備考）販売プロモーション計画

代官山蔦屋書店・デザイン書棚で関連書フェア
Book&Design で掲載書籍の展示と著者トークイベント　など

では、ここから1項目ずつ説明していきます。

[① 本のタイトル]

　本の内容を一言で表現したタイトルを考えます。タイトルで説明しきれない場合は、サブタイトルをつけることもあります。短くて、覚えやすく、魅力的なタイトルを考えましょう。「タイトルが決まらなければ本をつくり始めない」という編集者もいるほど、タイトルは本の根幹をなす重要な要素です。タイトルが決まらない場合は、企画が曖昧だったり、読者層と合っていなかったりする場合があるので、企画自体を再検討したほうがいい場合もあります。

　また、よいタイトルでもほかの本ですでに使われているタイトルは避けましょう。インターネットで検索して、そのタイトルがほかで使われていないかどうか、確認してください。

　最近では、インターネットで検索されたときにヒットしやすいタイトルをつけることも重視されています。検索されそうな単語をタイトルに入れておくとよいでしょう。有名な著者の場合は、著者名をあえてタイトルの中に入れることもあります。著者の思い入れのある言葉をタイトルにしたいという場合もありますが、そのタイトルで読者に意味が伝わるのかどうか、よく検討したほうがよいでしょう。

［② 著者、プロフィール］

　その本を書く著者の名前とプロフィールを入れます。その著者がどんな人で、どんな実績がある人なのか、を伝えるためにもプロフィールが必要です。特に、書店に向けて送る注文書（p.90）では、その著者の専門分野や業績、過去の著作物の売れ行きなども訴求ポイントになります。著者の知名度を裏付ける数字、例えばSNSのフォロワー数やYouTubeのチャンネル登録者数や再生回数なども参考になるでしょう。SNSのフォロワーやYouTubeの登録者数が多い著者はネット上で告知しやすく、影響力があるため、最近ではそのような著者の本がよく売れています。

［③ 仕様（本のサイズ、ページ数、印刷の色数など）］

　これらは本をつくり始めてみないとわからないところもありますが、おおよそのボリューム感を伝えるために記載します。本のサイズは、A5判や四六判などの定型サイズが多いです。イレギュラーなサイズや大きすぎるサイズは書店店頭に置きづらいため、返品されやすくなります。

書店店頭の様子

ページ数は原価計算するときに必要になるので、おおよそのページ数を仮で記載します。あとでページ数を変更することも多々ありますが、大幅にページ数が増えると、製造コストも上がるので、注意が必要です。ページ数が増えそうな場合は、多めのページ数で試算しておきます。ページ数は折の都合で、16の倍数で設定します（ページの都合で最終折のみ8ページにすることも）。4ページなど半端なページを追加すると、その分、製造コストが上がるため、折の都合がよいページ数で収まるようにページの割り振りを工夫します。

　印刷の色数（カラーの印刷か、黒1色の印刷かなど）や帯や見返しのありなしも製造コストに影響します。コストを安くするため、並製本の場合は見返しを省く場合もあります。

1折のページ構成
左開き（横組み）

（表）

5	12	9	8
4	13	16	1

（裏）

7	10	11	6
2	15	14	3

p.1の裏面がp.2になる

[④ 予価、部数]

　定価と部数は原価計算（p.38）をしてみないと確定できないのですが、企画書の段階ではおおよその数値を入れておきます。

　本のジャンルによっても価格帯が異なりますが、料理、健康、ビジネスなど幅広い読者がいるジャンルの一般書は1000円台のものが多いです。2000円以上になると、購入する読者がやや絞られてきて、3000円以上になると専門書の価格帯になります。例えば、定価1000円、部数500部の売り上げは50万円、その7割が出版社に入ってくる場合、35万円にしかなりません。それでは制作費をまかなえなくなってしまいます。

　部数は総原価と定価から算出しますが、一般的に幅広い読者に読まれる本は部数が多く、特定の狭い層に読まれる本は部数が少なくなります。ひとり出版社が出している専門書の場合、初版部数は1000部から2000部くらいが多いです。1000円台の一般書になると初版3000部以上が必要になる場合もあります。

　ですから、相対的に定価が安い本は部数が多く、定価が高い本は部数が少ないという関係になります。自分がつくろうとしている本がどのくらいの価格帯で、何人くらいの

読者がいるのか、おおよそ予測しておくことが大切です。

[⑤ 刊行時期、スケジュール]

　著者がゼロから書き下ろす本の場合、著者が原稿を書き終わる時期から逆算して刊行時期を設定します。著者が忙しかったり、不測の事態が起きたりして、執筆が遅れることもあるので、無理のないスケジュールを立てましょう。遅れそうなときは臨機応変に対応することも肝要です。

　画家やイラストレーターの作品集の場合、作品展の開催時期にあわせて刊行する場合も多いです。展示会場で作品集を購入する方が多いため、展示に間に合うようにスケジュールを立てましょう。

　原稿がそろってから、編集、デザイン、印刷製本にどのくらいかかるかは、ケースバイケースです。通常は、印刷所にデータを入稿（印刷するデータを印刷所へ渡すこと）してから書籍見本ができるまで、だいたい2〜4週間くらいかかります。見本ができてから書店店頭に本が並ぶまでは、流通方法によっても異なります。出版社から書店への直流通にかかる日数は数日ですが、取次を経由して流通する場合は取次見本納品から発売までだいたい2週間程度かかります。書店店頭に本を並べたい日から逆算して、スケジュールをつくるのです。スケジュールはExcelでつくり（右ページ）、著者、デザ

『〈美しい本〉の文化誌』進行スケジュール

美しい本進行表（仮）　　　　2020/2/1

月	日	曜	内容
11月	1	金	
	2	土	
	3	日	
	4	月	
	5	火	
	6	水	
	7	木	
	8	金	
	9	土	
	10	日	
	11	月	
	12	火	
	13	水	
	14	木	
	15	金	
	16	土	
	17	日	
	18	月	
	19	火	
	20	水	
	21	木	
	22	金	
	23	土	
	24	日	
	25	月	
	26	火	
	27	水	
	28	木	
	29	金	
	30	土	
12月	1	日	
	2	月	
	3	火	
	4	水	
	5	木	
	6	金	
	7	土	
	8	日	
	9	月	このあたりで書籍撮影（3日間）
	10	火	
	11	水	
	12	木	
	13	金	
	14	土	
	15	日	
	16	月	
	17	火	
	18	水	
	19	木	
	20	金	写真データUP
	21	土	
	22	日	
	23	月	
	24	火	
	25	水	
	26	木	
	27	金	
	28	土	
	29	日	正月休み
	30	月	
	31	火	
1月	1	水	年末年始休み
	2	木	
	3	金	
	4	土	
	5	日	
	6	月	本文レイアウト
	7	火	
	8	水	
	9	木	
	10	金	
	11	土	
	12	日	
	13	月	
	14	火	
	15	水	
	16	木	
	17	金	
	18	土	
	19	日	
	20	月	
	21	火	
	22	水	
	23	木	
	24	金	
	25	土	
	26	日	
	27	月	
	28	火	
	29	水	
	30	木	
	31	金	
2月	1	土	
	2	日	
	3	月	
	4	火	
	5	水	
	6	木	本文校正
	7	金	
	8	土	
	9	日	
	10	月	
	11	火	
	12	水	
	13	木	
	14	金	
	15	土	
	16	日	
	17	月	表紙周り入稿
	18	火	
	19	水	
	20	木	
	21	金	表紙色校初校出校
	22	土	
	23	日	
	24	月	
	25	火	表紙色校初校戻し
	26	水	
	27	木	
	28	金	
3月	1	日	
	2	月	
	3	火	表紙色校再校出校
	4	水	箔押し
	5	木	
	6	金	箔押し確認・責了
	7	土	
	8	日	
	9	月	本文入稿
	10	火	
	11	水	
	12	木	
	13	金	本文出校
	14	土	
	15	日	
	16	月	
	17	火	
	18	水	校了
	19	木	下版
	20	金	
	21	土	
	22	日	
	23	月	刷版
	24	火	印刷
	25	水	印刷
	26	木	印刷
	27	金	刷り本移動
	28	土	
	29	日	製本
	30	月	製本
	31	火	↓
4月	1	水	↓
	2	木	↓
	3	金	↓
	4	土	
	5	日	
	6	月	↓
	7	火	↓
	8	水	↓
	9	木	見本出来
	10	金	トランスビュー倉庫納品
	11	土	
	12	日	
	13	月	トランスビューより発送
	14	火	
	15	水	発売
	16	木	
	17	金	
	18	土	
	19	日	
	20	月	
	21	火	
	22	水	
	23	木	
	24	金	
	25	土	
	26	日	
	27	月	
	28	火	GW休み
	29	水	
	30	木	

イナー、印刷所と共有します。

　一般的に書籍を売りやすいのは、新年度が始まる4〜5月、イベントが多い秋、財布のヒモがゆるみやすい年末年始などと言われています。反対に売りづらいのは、真夏の暑い時期や年度末の3月です。特に3月は、決算を迎える出版社がその年度末の売上を立てるために刊行点数を増やしてきます。営業力のある大手出版社の本が書店に多数並ぶため、小さな出版社の本が追いやられる場合があります。特に力を入れて売りたい本、勝負をかけたい本を出すときは、売りづらい時期を避けたほうがよいかもしれません。

[⑥ ジャンル]
　ジャンルとは、その本のジャンルを指すと同時に、書店のどの売場（棚）に置かれるのか、ということです。例えば、写真家の作品集の場合、芸術書コーナーの写真の棚に置かれます。

　ジャンルがはっきりしている本はよいのですが、2つ以上のジャンルにまたがる本やジャンルがよくわからない本は要注意です。例えば、世界のサッカーチームのエンブレムデザインを集めた本は、スポーツ関連書のサッカー棚と芸術書のデザイン棚にジャンルがまたがります。書店によって、サッカー棚に置かれたり、デザイン棚に行ったりする

ので、出版社が「こっちの棚に置いてほしい」と思っても、そのとおりに置かれない可能性があります。両方の棚で売りたいと思ってつくる本はどっちつかずの内容になることも多いので、どちらの棚がメインになるのか、絞ったほうがよいでしょう。

　同様に、ジャンルがよくわからない本は、関係ない棚に置かれてしまい、読者に見つけてもらえないこともあります。書店員が表紙を見て、どの棚に置くかわからないような本は、本の内容を伝え切れていないので、再考したほうがよいでしょう。書店のどの棚に置かれるのか考えることは、本の企画をぶれないようにするために非常に重要なことなのです。

[⑦ 対象読者]
　この本を読むのはどんな読者なのか、対象となる読者像を記入します。例えば、フォントのつくり方を解説した本であれば、主な読者はグラフィック、パッケージ、ウェブなどのデザイナーになります。映像制作者やアプリの開発者など、スクリーン上で文字を扱うクリエイターも読者になるかもしれません。そこから広げて、デザイン学校の学生、趣味でフォントをつくっている方々も読者対象になりえます。このように、その本を買いそうな人の属性を分析します。

また、技法書や実用書などの場合、初心者向けか、上級者向けかなど、難易度のレベルも企画書に記載します。一般的に初心者向けほど読者が多く、上級者向けほど少なくなります。

　また、読者がどの書店で購入するかも想定しておきます。都市部の大型書店なのかファミリー層が多い郊外の店舗なのか、チェーン系書店か独立系書店（個人店主が本を仕入れているセレクトショップ型書店）か、実店舗かネット書店かなどです。例えば、料理書などは読者層が広いため、全国に配本（書店に本を流通すること）しやすいのですが、芸術書は読者層が狭くなるため、都市部の書店とネット書店中心の配本になります。

[⑧ 企画意図]
　なぜこの本を出そうと思ったのか、企画の理由を書きます。なぜ今なのか、なぜこの著者なのか、第三者に説明できる理由が必要です。「著者の作品や文章が素敵だから」という感覚的な理由ではなく、「著者の知名度が上がってきて、SNSのフォロワーが○○人いる」「大きな個展が予定されていて、○○人ぐらい動員できる」「過去の著書が○○冊売れた」など、客観的な裏付けがあったほうがよいでしょう。

　具体的な数字を出しづらい場合は、「このジャンルが注目

されていて、類書も売れている」「困っている人がいて、この本がそれを解決してくれる」など、共感できる理由があるといいでしょう。なぜこの本が必要なのか、企画意図がうまく書けない場合は、企画そのものを見直したほうがよいかもしれません。

[⑨ 類書とその売れ行き、相違点（差別化）]

　自分が立てた企画に近い類書を探し、その売れ行きを調べます（類書とその実売数の調べ方はp.18参照）。そして、その類書と自分がつくろうとしている本はどこが違うのか、類書より改善されているポイントはどこか、類書との相違点（差別化）を説明します。「類書より掲載点数が多い」「ページ数が多くて価格が安い」など、なにかメリットがあれば、より説得力が増します。

　気をつけたいのは、差別化を狙うあまり、企画内容がニッチになってしまい、対象読者が減ってしまうケースです。「こんな本、誰が買うのだろう？」という謎の本が成功する場合もありますが、企画倒れになる危険性もあります。ニッチすぎて必要としている読者がいない本にならないよう注意しましょう。

[⑩ 構成、目次案]

　構成案については、企画書の段階では大まかなものでかま

いません。構成案は著者が考える場合もあれば、著者と話し合って編集者がつくる場合もあります。雑誌のように取材をしながらつくっていく本の場合は、制作途中で構成案が変わることも多々あります。打ち合わせや取材を重ねて、本の概要が見えてきたところで、より詳細な構成案をつくり、台割（何ページにどんな内容が入るのかを示した図表。右ページ）を作成します。台割については、のちほど説明します。

[⑪ 紙面サンプル]

　ビジュアル本の場合は、紙面イメージを伝えるサンプルを作成します。サンプルをつくることによって、どんなビジュアルがどのように入るのか、テキストはどのくらい入るのかが一目でわかります。紙面サンプルは、編集者がInDesignなどのレイアウトソフトでつくったり、手書きで書いたりすることが多いです。きちんとつくってプレゼンテーションしたい場合には、デザイナーに紙面サンプルを作成してもらうこともあります。

[⑫ 原価計算]

　その本をつくるのに、どのくらいの費用がかかるのかを計算し、採算がとれる価格と部数を決めるのが原価計算です。例えば、本体価格3000円の本を2000部つくる場合、2000部の総売上が600万円、そのうち7割が出版社に入るとすると約400万円なので、その半分の200万円が使える原価

『〈美しい本〉の文化誌』台割

左段

折	色	頁	面	備考
別折	4C	1	1	巻頭写真ページ(カラー)
		2	2	
		3	3	
		4	4	
		5	5	
		6	6	
		7	7	
		8	8	
		9	9	
		10	10	
		11	11	
		12	12	
		13	13	
		14	14	
		15	15	
		16	16	
1折	1C	1	1	大扉
		2	2	写真ページ
		3	3	
		4	4	目次
		5	5	
		6	6	
		7	7	
		8	8	
		9	9	小扉
		10	10	はじめに
		11	11	
		12	12	
		13	13	
		14	14	
		15	15	
		16	16	
2折	1C	17	1	
		18	2	
		19	3	
		20	4	★第1章
		21	5	[上]本の美術
		22	6	
		23	7	
		24	8	
		25	9	
		26	10	
		27	11	
		28	12	
		29	13	
		30	14	
		31	15	
		32	16	
3折	1C	33	1	
		34	2	
		35	3	
		36	4	
		37	5	
		38	6	
		39	7	
		40	8	
		41	9	
		42	10	
		43	11	
		44	12	
		45	13	[下]本のデザイン
		46	14	
		47	15	
		48	16	
4折	1C	49	1	
		50	2	
		51	3	
		52	4	
		53	5	
		54	6	
		55	7	
		56	8	
		57	9	
		58	10	
		59	11	
		60	12	
		61	13	
		62	14	
		63	15	
		64	16	★第2章
5折	1C	65	1	
		66	2	
		67	3	
		68	4	
		69	5	
		70	6	
		71	7	
		72	8	
		73	9	
		74	10	
		75	11	
		76	12	
		77	13	
		78	14	
		79	15	
		80	16	
6折	1C	81	1	
		82	2	
		83	3	
		84	4	
		85	5	
		86	6	
		87	7	
		88	8	★第3章
		89	9	
		90	10	
		91	11	
		92	12	
		93	13	
		94	14	
		95	15	
		96	16	

折	色	頁	面	備考
7折	1C	97	1	
		98	2	
		99	3	
		100	4	
		101	5	
		102	6	
		103	7	
		104	8	
		105	9	
		106	10	
		107	11	
		108	12	
		109	13	
		110	14	
		111	15	
		112	16	
8折	1C	113	1	
		114	2	
		115	3	
		116	4	
		117	5	
		118	6	
		119	7	
		120	8	
		121	9	
		122	10	
		123	11	
		124	12	★第4章
		125	13	
		126	14	
		127	15	
		128	16	
9折	1C	129	1	
		130	2	
		131	3	
		132	4	
		133	5	
		134	6	
		135	7	
		136	8	
		137	9	
		138	10	
		139	11	
		140	12	
		141	13	
		142	14	
		143	15	
		144	16	
10折	1C	145	1	
		146	2	
		147	3	
		148	4	
		149	5	
		150	6	
		151	7	
		152	8	
		153	9	
		154	10	
		155	11	
		156	12	★第5章
		157	13	
		158	14	
		159	15	
		160	16	
11折	1C	161	1	
		162	2	
		163	3	
		164	4	
		165	5	
		166	6	
		167	7	
		168	8	
		169	9	
		170	10	
		171	11	
		172	12	
		173	13	
		174	14	
		175	15	
		176	16	
12折	1C	177	1	
		178	2	
		179	3	
		180	4	
		181	5	
		182	6	
		183	7	
		184	8	
		185	9	
		186	10	
		187	11	
		188	12	
		189	13	
		190	14	
		191	15	
		192	16	
13折	1C	193	1	
		194	2	
		195	3	
		196	4	
		197	5	
		198	6	
		199	7	
		200	8	
		201	9	
		202	10	
		203	11	
		204	12	
		205	13	
		206	14	
		207	15	
		208	16	

右段

折	色	頁	面	備考
14折	1C	209	1	
		210	2	
		211	3	
		212	4	
		213	5	
		214	6	
		215	7	
		216	8	
		217	9	
		218	10	
		219	11	
		220	12	★第6章
		221	13	
		222	14	
		223	15	
		224	16	
15折	1C	225	1	
		226	2	
		227	3	
		228	4	
		229	5	
		230	6	
		231	7	
		232	8	
		233	9	
		234	10	
		235	11	
		236	12	
		237	13	
		238	14	
		239	15	
		240	16	
16折	1C	241	1	
		242	2	
		243	3	
		244	4	
		245	5	
		246	6	
		247	7	
		248	8	
		249	9	
		250	10	
		251	11	
		252	12	
		253	13	
		254	14	
		255	15	
		256	16	
17折	1C	257	1	
		258	2	
		259	3	
		260	4	
		261	5	
		262	6	
		263	7	
		264	8	
		265	9	
		266	10	
		267	11	
		268	12	
		269	13	
		270	14	
		271	15	
		272	16	
18折	1C	273	1	
		274	2	★第7章
		275	3	
		276	4	
		277	5	
		278	6	
		279	7	
		280	8	
		281	9	
		282	10	
		283	11	
		284	12	
		285	13	
		286	14	
		287	15	
		288	16	
19折	1C	289	1	
		290	2	
		291	3	
		292	4	
		293	5	
		294	6	
		295	7	
		296	8	
		297	9	
		298	10	あとがき
		299	11	
		300	12	
		301	13	参考文献
		302	14	人名リスト
		303	15	
		304	16	
20折	1C	305	1	
		306	2	
		307	3	
		308	4	
		309	5	
		310	6	
		311	7	
		312	8	
		313	9	書名索引
		314	10	
		315	11	
		316	12	
		317	13	
		318	14	
		319	15	奥付
		320	16	仕様一覧

の目安ということになります（p.46参照）。原価が200万円を超える場合は、定価を上げるか、部数を増やすかして調整します。詳しくはこのあと「4.原価計算をする」で解説します。

　最後にもう一度、読者の立場でチェックをします。

▶ 企画書チェック項目
・誰に読んでほしいのか？
・全体としてどう見せたいのか？　読者にどういう体験をしてほしいのか？
・誰が買ってくれるのか？
・価格と購買層のバランスがとれているか？　購買層に対して価格が高すぎないか？

　長くなりましたが、以上が「企画書をつくる」でした。またもとの30プロセスに戻り、プロセスの4番目「原価計算」について説明します。

4 | 原価計算をする

「3. 企画書をつくる」の最後で紹介した「原価計算」は、企画書作成とほぼ並行して行います。原価計算とは、製造にかかる費用を計算し、想定している定価、部数で販売したときに利益が出るかどうかを確認するための試算です。

出版社在籍時は会社が設定している原価率の上限がありましたが、ひとり出版社はその制限がなく、いくらでも原価をかけられてしまうので、逆に危険とも言えます。原価をかけすぎてしまい、完売したけれども利益が出なかったということがないように、出版社にいたころと同じ基準で原価計算をしています。

ただ、ひとり出版のよいところは、1冊ごとに原価を守るのではなく、「この本にはかなり原価をかけたので、次の本では原価を減らそう」と、フレキシブルに調整できることです。その年度の中で採算がとれればよいので、臨機応変に対応できます。

原価計算で必要なのは、以下の項目になります。

［① 印刷製本費］
紙の本をつくるのにかかる費用の合計です。本の仕様を

決めて印刷会社に見積もりを依頼します（デザインによって仕様が変わり、原価も変わるため、この段階では概算で試算します）。何社かに見積もりを依頼して、比較検討する場合もあります（相見積もり）。必要な情報は以下です。

・本のサイズ（四六判、A5判、B5判などの定型サイズか変型か？）
・ページ数（あとで変わるので、おおよそのページ数でOK）
・刷り部数（1000部、1500部、2000部など部数を変えて数パターン依頼することが多い）
・用紙（カバー［ジャケットとも言う］、帯、見返し、表紙、本文にどんな紙を使うのか？　決まっていない場合はよく使われるベーシックな用紙で見積もりを依頼する）
・色数（印刷はCMYKの4色フルカラーか、スミ［黒］1色か、特色［特定の色に調合されたインキ］か？　折ごとに変わる場合は台割を添付して見積もりを依頼する）
・特殊加工の有無（箔押しや型抜きなどの後加工の有無）

［② 著者への印税・原稿料］

　著者にいくら支払うのかという試算。印税支払いの場合は、本の本体価格×初版部数（見本分を差し引いて計算する社もある）×印税率（5〜10％）で計算します。例えば、3000円、2000部、印税率10％の場合、著者印税は60万円になります。

[③ デザイン・DTP費]

　本のページデザインやDTP（desktop publishing。パソコンでレイアウトや文字修正をすること）の費用です。デザイナーに依頼する場合にこの費用がかかりますが、自分でページデザインやDTPを行う場合にはかかりません（ただしAdobeのソフトウェア使用料やフォントの年間ライセンス料はかかります）。ページ数やレイアウトの複雑さによって費用が異なるため、計算が難しいところです。

　また、外部デザイナーに表紙デザインのみを依頼して、本文は自分でデザインする場合や、1冊すべてを外部デザイナーに依頼する場合によっても費用は異なります。

[④ 編集費]

　ひとり出版社で編集を行う場合は不要ですが、外注する場合は編集費がかかります。決まった金額はないので、全体の予算を調整し、可能な金額を編集費に割り当てることが多いです。

[⑤ 校正費]

　校正（内容のチェック）にかかる費用です。専門の校正者に依頼する場合、一般的な書籍で1〜2週間程度の時間がかかります（雑誌の場合は十分な時間がないため、記事ごとに依頼したり、急ぎでお願いしたりすることもあります）。

校正者によって費用が異なるため、一概には言えませんが、1冊あたりのページ数や文字数で計算する場合と、校正にかかった時間で算出する場合があります。校正専門の会社に依頼する場合は、校正にかかる時間で算出する場合が多いです。ひとり出版社の編集者が自分で校正を行う場合、校正費はかかりませんが、見落としのおそれがあるので、校正者に依頼することをおすすめします。

　以上が、通常の書籍でかかる費用になります。以下は、本の内容によって、かかる場合がある費用です。

[⑥ 撮影費、イラスト費]

　カメラマンに写真を撮ってもらう場合やイラストレーターにイラストを描いてもらう場合に発生します。料理書や手芸書など写真で手順を説明する本やデザイン事例集などです。また、イラストで説明が必要なときや挿絵があったほうがよい場合もあります。

　撮影費は、撮影に何日かかるかで試算します。撮影3日でいくらというように稼働日を基準に算出します。遠方に出張してもらう場合は出張費用（車両代、ガソリン代、駐車場代）も実費で追加します。また、撮影スタジオを借りて撮影する場合はスタジオ代がかかります。時間あたりいくらという金額になります。スタジオ代はけっこうかかる

ので、カメラマンやデザイナーの事務所で撮影させてもらうこともあります。

　イラスト費の場合は、カット点数で試算します。1カットあたりいくらという基準で算出します。同じ1カットでもさらさらっと描けるカットもあれば、資料を調べて細かく描き込むタイプのカットもあるので、機械的に1カットいくらとは決められません。手間や時間を考えて、何カットでいくらになるか、イラストレーターと相談します。

[⑦ 版権料、翻訳料]

　海外書籍の日本語版出版権を取得して、日本語に翻訳して出版する場合、版権料と翻訳料がかかります。詳しくは番外編「翻訳出版」（p.153）で説明します。出版者が自身で翻訳を行う場合、翻訳料はかかりません。

[⑧ 予備費]

　監修者への監修謝礼、帯の推薦文の謝礼、遠方への出張費、印刷の修正代など、予定外の出費もあるので、予備費を10万円ほど見ておくと安心です。倉庫保管代や発送費は原価計算に入れない場合が多いですが、厳密に計算するなら入れておいてもよいでしょう。

原価計算に必要な項目の金額がすべて算出されたら、原価計算を行います。出版社によっては、社内で使用している原価計算のExcelシートがあり、各費用を入力していくと、自動計算できるようになっています。そのExcelシートがなくても、原価計算することはできるので、計算方法を説明します。

▶ 原価計算の方法
① 本をつくるのにかかるすべての原価を算出する
　（不明な場合はおおまかな金額を入れておく）。
② おおよその本体価格と部数を設定する。
③ 本体価格×部数×掛け率（通常65〜70％）÷2
　（掛け率とは本体価格に対する卸値の割合。p.169参照。
　利益を確保するため売上金額の半分程度を原価とする）
④ ③の金額内に①の原価が収まっていればOK。
　収まっていない場合は、原価、定価、部数のいずれかを見直す。

　例えば、本体価格3000円の本を2000部つくる場合（掛け率70％と想定）、

　3000円×2000部×0.7÷2＝210万円

になり、この金額が使える原価になります。

この金額よりも原価が多い場合は、原価を減らせないか、定価を上げるか部数を増やせないか、検討することになります。ただし、単純に定価を上げても高くて売れなくなることもあり、部数を増やしても売れなければ在庫になってしまうため、現実的な数字で判断することが大切です。また、重版したときに印刷製本代が予算内に収まるよう試算しておきましょう。予算内に収まらないと、重版しても利益が出なくなってしまいます。

　また、近年はインフレや人件費の増加などで、初版時に想定していなかった値上げが生じる可能性もあります。原価計算には含みませんが、間接費用の輸送費や倉庫代も上がるかもしれません。すべての可能性を読み切ることはできませんが、ある程度、情報収集はしたうえで、あまりギリギリの採算を立てないほうがよいでしょう。

　本は自由価格本などにしないかぎり、基本的に定価販売で長い期間流通するので、「一物二価」（同じものに2つの値段。例えばAという本がB書店では2000年に仕入れて1500円、C書店では2002年の2刷から仕入れたら1600円）にならないよう、定価は重版時でも値上げしないで刷れるようにしなければいけません（やむにやまれず、別のISBNをつけて「新版」などとして値上げすることはあります）。

5 | 企画内容を確定する

　原価計算が終わり、制作にかかる費用を確定できたら、企画内容も確定させます。使える費用の上限がおおよそわかったら、その範囲内でできることを現実的に考えていきましょう。予算が足りずに、あきらめなくてはならないことも出てくるかと思いますが、無理は禁物です。無理をすると続けられなくなってしまいます。

　また、この段階でデザインをお願いするデザイナーも決めておいたほうがよいでしょう。著者の意向を聞きつつ、その本の内容にあったデザイナーを探します。著者、編集者、デザイナーで協働しやすいチームをつくりましょう。

　著者、デザイナーにそれぞれ依頼したい内容と支払える金額を伝えて、双方で合意が得られたら、企画を確定して制作をスタートします。支払いについてはあとでもめないよう、いつまでにいくら支払うのかを書面またはメールで伝えるようにしましょう。親しい仲でも口約束は禁物です。

6 ｜ 台割とスケジュールをつくる

　この段階では、おおよその内容が見えてきているので、仮台割（p.39）をつくります。台割は、書籍の制作途中で何度も更新していくので、現時点では仮のものでかまいません。更新した日付を記載し、どの台割が最新なのか、わかるようにしておきます。台割は、どこにどんな項目が入るのかを可視化した設計図のようなものです。著者、編集者、デザイナー、印刷会社など、制作メンバー全員で共有します。

　台割と同様に、制作メンバーで共有するのが進行スケジュール（p.33）です。発売日を決めたら、そこから逆算して、見本出来日（見本ができあがる日）、校了日（すべての確認が終わり印刷してOKになる日）、入稿日（印刷所へ印刷データを渡す日）を決めていきます。入稿に至るまでの作業、例えば中ページのデザイン、校正、文字や画像の差し替えでどのくらいの時間がかかるかを想定しながら、無理のないスケジュールをつくりましょう。

　おおよその目安として、発売日の約1か月前が入稿日、入稿日の約1か月前にはレイアウトが仕上がっている状態を目指すとよいと思います。入稿してから見本ができるまで、印刷工程のスケジュールは印刷所に作成してもらいます。

このスケジュールにそって、印刷所は印刷機を動かす予定を組むため、入稿が遅れる場合は必ず印刷会社の担当者へ連絡してください。

　台割とスケジュールは制作途中で随時更新し、著者、デザイナーで共有するようにします。印刷担当者には、入稿日が決まったあと、最終台割を渡します。更新途中のものを渡してしまうと、間違いのもとになるので、気をつけましょう。

　原稿がなかなか仕上がらないなどの理由で、刊行が遅れることがあります。特に、ひとり出版社の場合は、社内他部署への影響がないため、著者から「ちょっと遅れても大丈夫かな」と思われがちです。しかし、ずるずると刊行時期が遅れていくと、入金時期が遅くなり、出版社の資金繰りが厳しくなります。なるべく予定どおり刊行できるように著者とこまめに連絡を取り、進捗を確認していくことが必要です。

7 | 著者に原稿を依頼する

　この段階では、書籍の構成（目次）、スケジュール、支払いについて、著者とおおよそ話がついているころです。詳細な目次やタイトルはまだ決まっていなくてもかまいませんが、内容について疑問がある場合は、著者とよく話し合っておきましょう。原稿が仕上がってから「思っていたものと違う」とならないよう、事前確認が必要です。

　印税支払いをする場合は、執筆依頼時に出版契約書の内容を著者に確認してもらってください。本体価格や部数が決まっていなくても、そのほかの条件を確認してもらうため、出版契約書を著者に渡しておきます。通常は、価格と部数が確定してから著者と契約を取り交わしますが、いつの段階で契約書を交わすかについては、出版社や編集者によっても異なるようです。

　原稿依頼は、口約束にならないよう、メール、FAX、契約書など、書面で依頼した記録を残しておくといいでしょう。どのような原稿をいつまでに仕上げてもらいたいのか、概要を伝えます。ときどき著者に連絡し、執筆状況を確認します。ほうっておいてもらったほうがいいという著者もいれば、頻繁に相談したいという著者もいるので、著者のタイプに応じて臨機応変に接しましょう。

8 ｜ 原稿整理をする

　著者から原稿が届いたら、なるべく早く読んで、感想を送ります。読んでみてどう思ったか、補足や修正をするとしたらどう直してもらいたいのか、著者に対するリクエストを具体的に返します。読者が読んだときにわかりづらい箇所はないか、著者の意図が正確に伝わるかどうか、事実誤認している箇所がないか、についても指摘します。直接著者と会って話すこともあれば、メールや電話で伝えることもあります。今ならばオンライン打ち合わせでしょうか。修正する場合は、編集者が勝手に直すのではなく、著者と相談した上で直します。

　加筆や修正が多い場合は著者からの修正原稿を待ちますが、誤字脱字や用字用語統一（例えば、「作る」「つくる」の表記を1冊の本の中で統一すること）などの調整は編集者が行います。いずれにしても、読みやすさを考えて、表記のブレがないように用字用語の統一をします。

　著者と何度かやりとりをして、「これでOK」というところまで原稿を整えていきます。この作業を「原稿整理」と言います。原稿整理をしないまま、レイアウト作業に入ると、あとで大幅に直すことになるため、原稿の段階でできるかぎり直しておきます。

9 ｜ 写真撮影や図版の手配をする

　書籍に写真を使う場合は、掲載に必要な写真を集めます。著者が持っている場合、他所から借りる場合、現物を撮影する場合などがあります。他所から借りる場合は、使用料がかかることがあるので、その費用も見込んでおきましょう。最近は、Adobe Stock や Shutterstock などのウェブのストックフォトサービスから写真を探して使うこともできるので、写真撮影が必要でない場合もあります。

　現物を撮影したり、何かの制作プロセスを撮影したりするときは、カメラマンに撮影を依頼します。自分で撮影してもよいのですが、料理やスポーツなど技術を必要とする撮影はプロに頼んだほうがいいでしょう。カメラマンのスタジオや出版社の事務所内で撮影できない場合は、撮影用のスタジオを借りて撮影します。物撮り（商品や本など物体の撮影）の点数が多い場合は、そのぶん撮影日数やスタジオレンタルの費用がかかるので、忘れずに原価計算に入れておきましょう。

　また、なるべく時間をかけずに効率よく撮影するために、撮影の順番を考えておくことも必要です。例えば、書籍を何冊も撮影するような場合、表紙を真上から撮影するのか（真俯瞰）、少し斜めから撮影するのか（斜俯瞰）、本を立て

て真横から撮影するのか、部分的にクローズアップして撮るのか（接写）によって、ライティング（光の当て方）、三脚の高さ、カメラのレンズを換える必要があるため、同じセッティングで撮影できるものを集めておきます。あらかじめ撮影する書籍をすべて並べて、セッティングごとに分けておき、カメラマンと相談して撮影の順番を決めるとスムーズでしょう。

　慣れてきたら、どの順序で、どれを撮影するのかがわかるようにまとめたリストを事前につくっておき、その順序にそって撮影していきます。リストをつくっておくと、撮影の進捗状況をカメラマンと共有でき、撮り忘れを防ぐことができます。撮影自体がまったく初めての場合、スケジュール感がつかみづらいと思うので、経験のあるカメラマンやデザイナーと一緒に進めるとよいでしょう。

『〈美しい本〉の文化誌』に
掲載した書籍の撮影風景

10 | デザイナーに中ページのデザインを依頼する

「7. 著者に原稿を依頼する」のところで、原稿整理を行い、ほぼ原稿ができあがっているかと思います。イラストや写真など、ビジュアルが入る本の場合は、ビジュアルの素材もそろえておきます。その場合は、どこにどんなビジュアルが入るのかがわかるように指示をします。手描きまたはコンピュータでラフレイアウト（どこにどのようにビジュアルとテキストが入るのかを図示したもの）をつくって渡すことが多いです。テキストと画像が複雑に配置されるようなレイアウトの場合は、ラフを描くか、InDesignにデータを仮置きして、デザイナーに渡します。レイアウトが複雑な書籍では、1冊まるごとデザイナーに依頼することも多いです。

　反対に、読み物など、ほぼテキストのみで、最初から最後まで同じレイアウトの書籍では、フォーマットデザインのみをデザイナーがつくり、テキストの流し込みや修正はDTPオペレーター（コンピュータ上で組版作業をする人）にお願いする場合もあります。文字修正まですべてデザイナーが行う場合もあり、本の内容やデザイナーの仕事の進め方によってケースバイケースです。

ビジュアル本でも読み物でも、編集者がデザイナーに紙面のイメージを伝えてレイアウトを依頼します（編集者がレイアウトの指定をすることもあれば、デザイナーにお任せすることもあります）。最初に何ページかデザインを仕上げてもらい、それで進めてよいのかどうかを確認します。たいていは修正や微調整が必要なので、デザイナーに直してもらってOKになってから、残りページもデザインしてもらいます。最初から最後まで一気に全部デザインしてもらうのは危険です。方向性が間違っていたとき、あとで修正するのは大変なので、少しずつ確認しながら進めたほうが安全です。できれば、最初に何ページかデザインができた段階で、著者にも確認してもらったほうがいいでしょう。著者、編集者、デザイナーで仕上がりイメージを共有しながらつくっていくほうが、よりよい本になります。

　レイアウトの複雑さやページ数にもよりますが、私がつくる200ページ前後のデザイン書では、だいたい1か月くらいで中ページのデザインを仕上げていただくことが多いです。デザイナーの仕事が重なって、デザインがスムーズに進まない場合もあります。「頼んでおいたのにデザインができていない」ということのないように、中ページデザインにどのくらい日数がかかりそうか、デザイナーとスケジュールを相談しながら進めていきましょう。デザイナーが自分で本をつくる場合、この作業は自分で行うことになります。

コラム
デザイナーの探し方

デザイナーが始めたひとり出版社をのぞいて、多くの場合は誰にデザインを依頼するか、デザイナーを探さなければなりません。著者がデザイナーを指名する場合はよいのですが、著者から「お任せします」と言われた場合には、出版社でデザイナーを決めることになります。普段お願いしているデザイナーがいても、その方のデザインが本のテーマにあっていなかったり、多忙のためお願いできなかったりする場合は、別の方を探します。

デザイナーの探し方にはいろいろな方法がありますが、その本のテーマにあったデザインができそうな方、著者や編集者とよいチームを組めそうな方を探すのがベストだと思います。デザイナーと意見があわないと、うまくいかないケースもあるので、人柄や仕事の進め方も含めて慎重に検討したほうがよいでしょう。

これからつくろうとしている本に近い内容の本を見てデザイナー名をチェックしたり、普段から「いいな」と思う本のデザイナーを覚えておいたりして、その中からデザイナーを選ぶとよいかと思います。デザイナーの人柄や仕事の進め方は、過去のインタビュー記事や一緒に仕事をしたことがある方の意見などを参考にするとよいでしょう。

また、デザイナーといっても、広告やグラフィックデザインを中心に手がけている方やブックデザインがメインの方などがいるので、手がけている仕事の内容もチェックしてみてください。ブックデザインを多く担当している方は、出版事情や印刷事情にも詳しいため、心強いパートナーになってくれるでしょう。ブックデザインを多く手がけるデザイナーが集まってつくられた協会（日本図書設計家協会）の会員リストや、書店で見つけた素敵なブックデザインを紹介するウェブサイト（Bird Graphics Book Store）などからデザイナーを探してもよいかと思います。

・ 日本図書設計家協会
　https://www.tosho-sekkei.gr.jp/

・ Bird Graphics Book Store
　https://www.bird-graphics.com/

11 ISBN を割り振る

　書店で販売する書籍には、ISBN（国際標準図書番号：International Standard Book Number）という13桁の識別数字が必要です。出版社を始めるにあたり、日本図書コード管理センターに連絡して、出版者記号と ISBN を取得します。申請から発行まで、3〜4週間ほどかかります。ISBN は次の手順で取得します。

▶ ISBN 取得手順
① 日本図書コード管理センターのウェブサイトの「新規取得」から必要事項を記入して申請する。
　https://isbn.jpo.or.jp/index.php/fix__get_isbn/
② 申請したメールアドレス宛に管理センターから料金（出版者記号申請料、書籍 JAN 利用料）振込のメールが届く。振込後、明細書の画像を添付してメールを送付。
③ 振込確認後、メールが届き、必要書類が郵送される。郵送書類に申請した個数の ISBN が記載されている。
④ 郵送書類の中にある「出版者記号受領書」を管理センターに返送して登録完了。
⑤ 割り当てられた ISBN を刊行する書籍に割り振る。
⑥ 書籍用バーコードを作成する。
　（バーコードは価格が確定してから作成します）

日本図書コード管理センターから送られてきた 100 個の ISBN

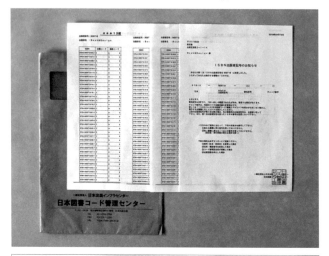

ISBN	分類コード	価格コード		ISBN
978-4-909718-66-2	C	¥	E	978-4-909718-33-4
978-4-909718-67-9	C	¥	E	978-4-909718-34-1
978-4-909718-68-6	C	¥	E	978-4-909718-35-8
978-4-909718-69-3	C	¥	E	978-4-909718-36-5
978-4-909718-70-9	C	¥	E	978-4-909718-37-2
978-4-909718-71-6	C	¥	E	978-4-909718-38-9
978-4-909718-72-3	C	¥	E	978-4-909718-39-6
978-4-909718-73-0	C	¥	E	978-4-909718-40-2
978-4-909718-74-7	C	¥	E	978-4-909718-41-9
978-4-909718-75-4	C	¥	E	978-4-909718-42-6
978-4-909718-76-1	C	¥	E	

＊＊＊13桁

出版者記号：909718

出版者名 ：Book&Design

出版者記号：9097

出版者名 ：Boc

[**書籍用バーコードをつくる**]

　バーコードはウェブで作成でき、スリップ（書籍にはさまれている短冊）とジャケットで使います。書籍のジャケットにバーコードを入れる位置は「ISBNコード利用の手引き」を参考にしてください（天から10mm、背から12mm）。

・ バーコードどころ
　https://barcode-place.azurewebsites.net/

・ ISBNコード利用の手引き
　https://isbn.jpo.or.jp/doc/08.pdf

[**スリップをつくる**]

　バーコード作成サイトでバーコードのデータを作成したら、Illustratorなどのソフトを使ってスリップをつくります。スリップには2段バーコードの上段のみ使います。スリップに決まった体裁はないのですが、印刷通販などのサイトにあるテンプレートを使うと便利です。トランスビュー（p.184参照）で流通する出版社は、指定の形式のスリップを使います。

・ 印刷の通販グラフィック
　「書籍売上カード（スリップ）テンプレート」
　https://www.graphic.jp/download/templates/35/

スリップの通常サイズは、二つ折りすると天地（上下）の長さが14.5cmになりますが、四六判横位置など天地が短い本の場合、はみ出してしまうので、写真のような短いスリップをつくります

『〈美しい本〉の文化誌』の2段バーコード
スリップには上のバーコードを使う ────────→

四六判横の書籍では、通常のスリップ（左）だと本から飛び出してしまうため、天地の長さを短くしたスリップ（右）を作成した

12 | デザイナーに表紙のデザインを依頼する

　書籍の中ページがだいたいできあがってきた段階で、デザイナーに表紙デザインを依頼します（表紙デザインの方向性がはっきり決まっている場合は表紙を先につくる場合もあります）。このあたりまでに書籍のタイトルを決めて、ジャケットと帯に入れるテキスト（タイトル、著者名、キャッチコピーなど）を作成し、デザイナーに渡します。一緒に簡単なラフを描いて渡すこともあります。

　その際、どんな表紙にしたのか、どんな読者に読んでほしいのか、イメージをデザイナーに伝えます。デザインの参考にほかの本を見せるのはいいのですが、「この本のようにしてください」という依頼の仕方は適切ではないと思います。そもそも本の内容が違うのにデザインだけ似せてもあまり意味がないからです。

　「こういうふうにしたい」という方向性は必要ですが、最初から完成形を決めてしまうのではなく、デザイナーと話し合いながら決めたほうがいいでしょう。デザイナーはいろいろなアイデアを持っているので、著者や編集者が思いつかなかったような提案をしてくれることも多いからです。著者や編集者は本の内容を理解していますが、デザイナーはまだよく知らないという点でも、読者により近い立場か

ら判断ができるのではないかと思います。

　表紙デザイン案は、方向性が違うものを3案程度出してもらうといいでしょう。依頼内容に忠実な案、そこから少し飛躍させた案、さらに飛躍した案というように、違うテイストのバリエーションがあったほうがよいです。なぜなら「依頼したのはA案だけど、本当にふさわしいのはC案のほうだった」ということもありうるからです。あえて全然違う案を3つぐらい出してもらって、そこから方向性を絞っていくという方法もあります。デザイナーによってはベストな1案しか出さないという方もいるので、何案か出してほしいときは、それが可能かどうか確認しておくようにしましょう。

　依頼側の指針がぶれていると、何回修正してもらっても表紙が決まらないこともあります。一番重視したいことは何かを決めたら、ぶれずに選ぶ勇気を持ちましょう。迷ったときは、「この本を買いそうな読者ならどっちの表紙を選ぶか」が基準になります。「自分が好きだから」という理由だけで選ばないこと、自身の嗜好に寄りすぎないことも大事です。

　実際、読者や書店員の意見を聞いて表紙案を決めることもあります。消費者と売場の声に耳を傾け、慎重に選ぶよ

うにしましょう。表紙サンプルをつくり、実際に書店の店頭に置いてみて決めることもあります。店頭で目立つかどうか、ぱっと見て何の本かがわかるか、少し離れたところから見て客観的に判断するようにしています。

　また、最近はインターネットで書籍を購入する方も多いので、パソコンやスマートフォンの画面で表紙が小さく表示されたときにどう見えるかの検証も必要です。表示サイズがかなり小さくなるので、複雑な絵柄や文字はほぼ見えません。表紙を小さくしても認識できるかどうか、確認しておくといいでしょう。

　表紙案ができたら、著者と共有します。表紙案の決定権は出版社にありますが、著者にとって抵抗感があるとか、許容できないデザインの場合はよく話し合ったほうがいいでしょう。著者が納得しないまま出版してしまうと、信頼関係に影響するので、「なぜこの表紙にするのか」を納得いくまで話し合ってください。反対に、著者が推していても編集者がいいと思わなければ、その案を選ばないほうがよいです。その本を買うのは著者ではなく、読者だからです。読者が手にとってくれるかを第一に考えましょう。

　以下は私が表紙デザインを決定するときに使っているチェックリストです。

▶ 表紙デザインのチェックリスト

・ 本の内容を的確に表現しているか。その本にふさわしい
  たたずまいになっているか。
・ ほかのジャンルの本と誤解されないか。書店の違うジャ
  ンルの棚に置かれないか。
・ その本を買いそうな読者の心をつかめるか。「いいな」と
  思ってもらえるか。
・ 書店店頭で目立つか。埋もれないか。
・ タイトルやキャッチコピーは見やすいか。
・ ウェブで小さく表示されても認識できるか。
・ 破れたり、傷んだり、色が褪せたりしないか。

　出版社の場合は、営業や宣伝など、他部署の意見も聞き
ながら表紙案を決めますが、ひとり出版社の場合は、最終
的にひとりで決めることになります。自分がよいと思う案
を選べる自由さの一方で、間違っていても誰も止めてくれ
ない怖さもあります。いろいろな方々の意見を聞きながら、
最後は自分で確信をもって判断できるようにしましょう。

　表紙デザインはその本の顔であると同時に売上を大きく
左右します。また一度決めると変更できないため、慎重に
決定するようにしてください。何冊も本をつくっています
が、いまだに表紙デザインはとても難しいです。

13 | 束見本を発注する

　表紙案が決まったら、本で使う紙と印刷の仕様を決めて、印刷所に束見本を発注します。束見本とは、実際の本と同じ資材を使ってつくられるサンプルのことです。印刷はせずに、白い紙のまま製本されます。サイズ、ページ数、使用する用紙（ジャケット、帯、本体表紙、本文用紙、見返し）、製本方法、必要な束見本の冊数を指定し、印刷所に発注すると、1〜2週間で束見本ができあがります。どちらの紙を使うか迷っているような場合は、数種類の紙で同時に束見本作成を依頼することもあります。

　束見本ができたら、思っていたより厚さが薄かったとか、紙が重かったということがあります。その場合は紙の銘柄や厚さ（斤量）を変えて、再度、束見本を発注し直します。本の厚さ（背幅）は、紙の厚さ（紙厚）から計算できるので、発注前に確認しておけば、「思ったより薄かった」という事態を防ぐこともできます。この段階で、デザイナー、編集者、著者で束見本を確認し、できあがりのイメージを共有しておきましょう。

『〈美しい本〉の文化誌』の束見本

　並製本の場合の背幅の計算手順は以下になります。

［b7トラネクスト　四六判86kg、160ページの本の厚さを
調べる場合（並製本・ソフトカバー）］

① b7トラネクスト　四六判86kgの1枚あたりの紙厚を
　 ウェブサイトで調べる。140μm（0.14mm）
　 https://kyobasi.co.jp/product/2011/06/test.html

② 1枚あたりの厚さ×ページ数÷2
　 0.14mm×160ページ÷2＝11.2mm

③ これに本体表紙や見返しなどの厚さ（0.5〜1mm程度）
　 を加えた数値が束見本の厚さ
　 11.7〜12.2mm

上製本（ハードカバー）の場合は、②の数値に表紙の厚さ（表裏2枚分）を追加した厚さになります。

　束見本の制作費用は、通常は印刷製本代に含まれています。とはいえ、無限につくり直せるわけではないので、完全に仕様が決まってから発注しましょう。何度もつくり直したり、手製本など特殊な製本をしたりする場合は、あらかじめ印刷所に相談することをおすすめします。

　ちなみに、束見本を作成するまでに、印刷を依頼する印刷会社を決めておきます。通常、印刷を依頼する会社で束見本をつくってもらうためです。その際、印刷会社と具体的なスケジュールや実際に仕事を受けてもらえるかどうか相談してください。

　また、正式発注する前に印刷代を支払う時期も確認しましょう。初めて取引する印刷所の場合、前払いまたは手付金が必要な場合があります。2回目以降は、印刷後の請求になりますが、見本納品後いつのタイミングで支払うのかを必ず確認してください。取次からの入金は半年以上先になることも多いため、入金を待たずに印刷代を支払えるような余裕をもっておいたほうがよいと思います。

14 | 用紙を確定して印刷代を計算する

　束見本を確認して OK ならば、用紙を確定します。この段階では、表紙と本文のデザインもできているので、印刷や加工の仕様も決まっているはずです。ここで最終の印刷見積もりをとります。見積もりをとるのに必要なのは、以下の項目になります。

[**サイズと部数**]
・本のサイズ、ページ数、製本方法（並製か上製か）
・部数（1000、1500部など何種類か依頼。ジャケットと帯は汚れたら巻き直して再出荷するため多めに刷っておく）

[**用紙と印刷加工**]
・ジャケット：用紙（用紙名、色、厚さ）、印刷（カラー4色か、2色か、1色か）、表面加工（ニスか、PP［表面保護シート］か、箔押しや空押しなど特殊加工のありなし）
・帯：用紙、印刷、加工（つけない場合もあります）
・本体表紙：用紙、印刷、加工（上製本の場合は板紙の厚さとそれに巻く用紙を指定）
・見返し：用紙、印刷（並製の場合、つけない場合もあります。上製本では必須）
・本文：用紙、印刷（途中で用紙の種類やインキの色が替わる場合は台割も添付）

通常、印刷見積もりには有効期限があるので、あまり早く見積もりをとると、実際に印刷をするときに有効期限をすぎてしまいます。途中で用紙が値上がりしていることもあり、当初の見積もりより精算見積もり（書籍納品後に印刷所から来る最終見積もり）が高くなる場合もあります。当初の見積もりより高くなっている場合は、ほかに落とせるところがないかチェックしたり、本の定価や部数を増やしたりして、原価率を調整します。

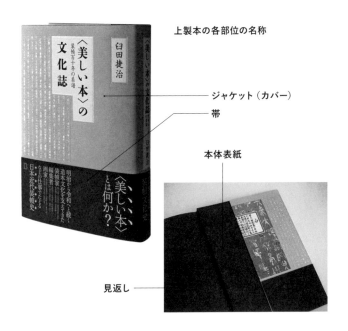

上製本の各部位の名称

ジャケット（カバー）

帯

本体表紙

見返し

コストをおさえ美しい本をつくるコツ

　写真集や作品集など、カラーでビジュアルがメインの本をつくる場合は、どうしても印刷代がかかります。通常の印刷では、簡易校正（デジタル出力による校正）にすることが多いのですが、ビジュアルが重要な本の場合は本紙校正（本番と同じ印刷用紙を使った校正）をとることも多く、そのぶん印刷コストが上がってしまうのです。なるべくコストをおさえつつ、クオリティの高い本をつくるにはどうしたらよいのでしょうか？

　以下にその方法を項目別にまとめました。

［ サイズ ］

　A6判（文庫サイズ）、四六判、A5判、B5判、A4判など定型サイズにして、それに最適な取り都合（1枚の大きな紙から何ページ配置できるかという目安）の紙を選ぶと無駄がないです。左右に広がる変型サイズにする場合は、紙の取り都合が悪くなるため、コストがかかります。変型にする場合は左右を広げるのではなく、天地方向に短くするほうが取り都合の影響がでません。

　また、本文用紙を選ぶ場合は、書籍サイズごとに効率のよい紙取りがあります。以下のサイズがある紙から本文用紙を選ぶと効率よく紙取りができ、コストを下げられます。

[書籍のサイズ：mm]　　　　　[本文用紙のサイズ：mm]

・四六判の本（127×188）→　四六判ヨコ目の紙（788×1091）

・B6 判の本（128×182）→　　B 判ヨコ目の紙（765×1085）

・A5 判の本（148×210）→　　A 判タテ目の紙（625×880）

・B5 判の本（182×257）→　　四六判タテ目の紙（788×1091）

[ページ数]

　書籍全体のページ数は16の倍数で収まるようにします。8ペー
ジや4ページ飛び出すこともありますが、紙代、印刷代、製本代
が余分にかかってしまいます。レイアウトを変更して、16の倍数
ページで収まるようにしましょう。

[部数]

　部数が多いほどコストはかかりますが、1冊あたりの単価は下が
ります。並製本の場合、数百部増やしてもコストはさほど上がらな
いので、すぐ品切れにならないよう、なるべく多く印刷したいとこ
ろですが、倉庫での保管コストもかかるため、適正部数を見極める
のが難しいです。原価がかかりすぎると重版しても採算がとれない
ため、重版に耐えられる設計にしておく必要があります。

[色数]

　当然1色のほうが4色カラー印刷よりも安くなります。1色でも
スミ（黒）ではなく、地色のついた紙に特色1色で指定すると、
2色刷りのような華やかな紙面になります。また、全紙の表面を

4色、裏面を1色で印刷すると、カラーページとモノクロページの見開きが交互に現れ、カラーの本のように見せることができます。全ページをカラーにするより印刷代をおさえられる、おすすめの手法です。

　あとは、スミ（黒）＋特色1色で2色印刷にする方法もあります。スミ1色だけだと地味になる、説明図版などがある場合に使える手法です。折ごとに特色の色を替えることもできますが、色替えに手間がかかるため、別途料金がかかる場合もあります。がんばって台割をやりくりして2色にしても、印刷所によっては4色の金額とあまり変わらないところもあるので、要注意です。

［ 刷版代 ］

刷版とはオフセット印刷（インキを転写し印刷機で印刷する一般的な方法）をする場合に使う金属の薄いプレート（版）のことです（木版画でいう版木にあたる部分です）。刷版は1枚いくらというように計算するので、ページ数を減らすと刷版代も節約できます。仮に刷版1枚が2500円とすると、4色で1万円になり、全体のコストに大きく影響します。そのため、カラーページを1色にすると、刷版代と印刷代を減らすことができます。ページ数を減らせない場合は、カラーページを1色にできないか検討してみてもいいでしょう。特定の折をすべて1色にする場合もあれば、折の表面だけ4色にして裏面を1色にする場合もあります。

　刷版の使用枚数を減らすには、もうひとつ方法があります。折

の台数を偶数にするのです。四六判全判の大きな印刷機でB5サイズの本を印刷する場合、16ページ折を2つ並べて32ページで面付して刷版を出力します。例えば、208ページの本を印刷する場合、16ページが13折分になります。1折・2折のように2折分をあわせて1枚の刷版で出力しますが、最後の13折は1折だけで出力するため、非効率です。192ページの本ならば12折になるので、最後の13折を出力せずに済み、1折分の刷版を節約できます。つまり、32の倍数ページ（偶数折）にすると、効率がよいのです。

[印刷所]

　印刷会社によって印刷料金はかなり異なります。書籍を多く手がける印刷会社は紙を安く仕入れられるため、紙代が下がります。また、一定時間に多くの印刷件数を手がける印刷会社は総じて安くなりますが、クオリティが担保されていないこともあります。

　印刷所が持っている印刷機のサイズによっても印刷費用が変わります。四六判全紙が刷れるような大型印刷機を持っている印刷所では、B5判サイズの本を16ページ面付ではなく32ページ面付で一度に刷れるため、印刷する枚数が少なくなります。印刷枚数が減るとコストも下がるのですが、印刷用紙が大判になるほど、版ズレ（違う色の版がズレて印刷されること）が起きやすくなるのです。実際、湿度が高い時期に伸縮しやすい紙に32ページ面付で印刷したところ、版ズレおよび線が太くなったことがありました。そのような場合は四六判全判を半裁（半分にカットすること）して、16ページ面付にするとよいそうです。こちらから指定しない

と32ページ面付になるので、印刷営業と事前に打ち合わせておくとよいでしょう。

　お願いしている印刷所で印刷できない場合、ほかの印刷所に下請けに出され、割高になることもあります。例えば、そのサイズを刷れる印刷機が社内にない場合、ほかの印刷所で印刷されることがあるので、その印刷所で印刷できるサイズを確認しましょう。

[**印刷方法**]
　一般的にはオフセット印刷を用いますが、少部数の場合は、オンデマンド印刷（p.144）のほうが安くなることがあります。活版印刷やスクリーン印刷など、人の手間がかかる印刷工程が入ると印刷代は高くなります。

　また、箔押し、UV厚盛り（透明なインキが盛り上がっている加工）、型抜きなどの加工が入る場合は、印刷所から別の加工所に仕事を発注するため、日数もコストもよけいにかかります。印刷物を移動させる日数も計算しておく必要があります。

　カバーなど表から見えるところにこれらの加工をすると、店頭で目をひく効果があるので、費用をかけても効果はあると思われます。反対に、見えない箇所に加工をしても費用対効果は低いです。コストと効果のバランスを考えて効果的に使いましょう。

［**紙**］

　紙代は印刷費全体の30〜40%を占めており、コストへの影響が大きい項目です。紙代を節約できれば、印刷費全体のコストも節約できます。そのためには紙の値段がどう決められるのかを知っておく必要があります。

　見返しなどで使われる特殊紙は1枚ごとの価格で計算されますが、本文で使う用紙はキロ単価で計算されます。一般的には厚い紙ほど重くなるので、紙の価格が上がりますが、「嵩高紙」という、紙の厚さを保ったまま空気を多く含ませた軽い紙もあります。

　嵩高紙は、キロあたりの価格がほかの紙と比べて安くなるので、書籍やパンフレットなどのページものでよく使われています。嵩高紙の中でよく使われているのは、「b7トラネクスト」や「b7バルキー」などの銘柄です。本文用紙は使う枚数が多いため、このようにキロ単価が安い紙を使うと、紙代を下げることができます。また、一段階薄い紙を使うと、キロ単価が下がるので、紙代も下がります。

　印刷用紙の中では、つくるのに手間がかかる特殊紙が最も高く、書籍用紙が最も安くなります。写真などを印刷する塗工紙（塗料で表面をコーティングした紙）は、その中間くらいの価格です。塗工紙や書籍用紙は1キロあたりの価格で取引されるため、同じ厚さならば軽い紙ほど安くなります。価格の高い順に並べると、特殊紙＞塗工・微塗工紙＞非塗工紙（書籍用紙）となります。

また、紙はどのルートで仕入れるかによって、価格が異なります。印刷所は製紙会社から紙を仕入れるのではなく、間に紙の代理店（卸商）が入ります。どの代理店を経由しているのか、どこの印刷所へ納品されるのか、によって紙の価格が異なるのです。一般的には、紙を使う枚数が多く、代理店に融通が利く印刷所ほど、安く紙を仕入れることができます。印刷見積もりをとると、印刷代は安くても、紙代が高い場合があるのですが、それはこの仕入れルートが関係しています。書籍印刷を多く手がける印刷所は、よく使われる用紙をまとめて購入しているため、ほかより安く仕入れることができます。

b7トラネクストの紙厚表（京橋紙業ウェブサイトより）
https://kyobasi.co.jp/product/2011/06/test.html

そのほか、紙代を安くするには使う枚数を減らす方法があります。最も効果が大きいのはページ数を減らすことです。16ページ（1折分）減らすと、かなり節約できます。また、思い切って、サイズを小さくするという方法もあります。ページ数をさほど変えずに判型を小さくすることができれば、紙の使用量が減るため、コストは下がります。

[インキ]

インキも同様に原材料が高い色ほど高くなります。価格の高い順に並べると、蛍光色・金銀などのメタリック色のインキ＞普通の特色インキ＞プロセス4色（CMYK。シアン、マゼンタ、イエロー、スミ）のインキになります。

[製本]

製本も手間がかかるほど高くなります。価格の高い順に並べると、手製本＞コデックス装＞上製本（糸かがり綴じ）＞上製本（アジロ綴じ）＞並製本（PUR：180度フラットに開く製本）＞並製本（アジロ綴じ）＞中綴じ（ホチキス綴じ）になります。また、定型外の小さいサイズの場合、定型サイズで製本したあとで断裁するため、製本代が上がります。近年、製本所の減少のため、製本代自体が全体的に上がってきています。

印刷代をおさえる方法をいろいろ紹介してきましたが、まとめると以下になります。

▶ 印刷代を下げる方法

- サイズ：小さくする。紙の取り都合を考えて本のサイズを決める
- ページ数：減らす。偶数折にする
- 部数：初回配本時に部数が足りなくならない程度にする
- 色数：カラーページを減らす
- 印刷所：書籍を多く手がけている印刷会社に依頼する（紙を安く仕入れられる）
- 紙：キロあたりの単価が安い紙や一段階薄い紙を使う
- その他：特色の使用や特殊加工をやめる

左から、コデックス装、上製本、並製本、中綴じ

書店流通で避けたほうがよい造本

　書店流通上、汚れやすい、壊れやすいなどの理由から避けたほうがよい造本があります。特に取次を経由して書店に配本する場合は、本の出し入れの回数が多くなるため、本が傷みやすくなります。流通上、問題が起こりそうな造本は取次で断られる場合もあるので、注意してください。

　また、汚れやすい本は、書店側でビニールをかけることもあり、書店に負担をかけてしまいます。あらかじめシュリンク包装するか、ビニール袋（OPP袋）に入れるかしてから出荷するとよいでしょう。その場合は、スリップを抜き取れるよう、ビニール袋に入れて別添付するか、ビニール袋の上部をカットするかします。

▶ 取次配本の場合、支障がある造本
- 断面が斜めになっている、表面に凹凸がある
  （本を積み重ねると崩れるため）
- 箱やカードなどの綴じられていない本
  （本ではないと見なされ、卸値が下がることがある）
- 極端に折れやすい、破れやすい本
  （返品、交換対象になるため）

▶ 汚れやすい本・傷みやすい本

・ 表紙が白で、ニスやPP（表面保護シート）などの表面加工をして
　いない本

・ リソグラフなどで印刷され、こするとインキがついてしまう本

・ カバーに蛍光色やオレンジ色が使われている本
　（光があたって褪色しやすい）

・ 黒色にマットPPをかけた本
　（表面についた傷が目立ちやすい）

・ カバーや帯の紙が薄く、破れやすい本

・ 角が折れやすい本

・ カバーがついていない本
　（返品されても汚れていて再出荷できないため）

15 │ 著者・編集者が校正する

　本文のレイアウトができあがったところで、著者と編集者が校正をします。著者は、自分の言いたいことが表現されているかどうか、記述内容に間違いなどがないかどうか、をチェックします。編集者は、読者に通じる文章になっているかどうか、誤字脱字がないかどうか、用字用語統一を確認します。ビジュアルが多い本の場合は、ビジュアルが正しい位置に入っているかどうか、違うキャプションがあたっていないか、配置位置がずれていないか、などもチェックします。

　意外と見落としやすいのは、目次と各章タイトルがあっているかどうか、柱が途中で変わっていないか、「2-3、2-4、2-5」など見出しに通し番号がついている場合、番号が重複したり飛んだりしていないか、などです。まず全体を通してそのような箇所がないかどうかざっと見てから、1ページずつ読んでいくと、見落としを減らすことができます。最初に全体を見てから細部を見るようなイメージです。

　修正箇所に赤字（赤い文字で書き込まれた印刷所への指示）を入れて、デザイナーまたはDTPオペレーターに赤字箇所を修正してもらいます（自分でInDesignで修正する場合もあります）。修正が終わったら、PDFファイルを受け

取り、再び校正します。修正箇所がなくなるまで、この作業を何度か繰り返します。

「8. 原稿整理をする」の段階で、原稿整理が終わっていますが、レイアウトして読んでみたら直したい箇所が出てくることがあります。レイアウトができた状態で、おかしな位置で改ページや改行がされていないかもチェックします。例えば、ページをめくったところに1行だけ飛び出していたり、改行したところに1文字だけ残っていたりするのは、見た目が美しくなく読みづらいので、前の行に収めるか、文章を増やすかして調整したほうがいいでしょう。

　また、禁則処理が適切にされているかもチェックしましょう。禁則処理とは、行頭に句読点、拗促音（「ャ」「っ」など）、閉じ括弧が来たり、行末に起こし括弧が残ってしまったりしないようにする調整のことです。InDesign上で禁則処理の設定をしておけば自動的に回避できますが、校正のときにもチェックします。

　最近では、校正のソフトウェアやネットの校正サイトが使われることもあります。補助的に使うのはいいかもしれませんが、機械に頼りすぎるのは禁物です。機械で見つけられない箇所もあるので、最終的には人のチェックが必要になります。

16 | 校正者が校正する

　編集者、著者の校正が終わり、最終版に近い状態のテキストになってきたら、校正者に校正を依頼します。編集者や著者は何度も文章を読んで慣れてしまっているので、読み飛ばしたり、見落としたりしている箇所もあります。そのため、まだ原稿を一度も読んでいない第三者にチェックしてもらうことが必要なのです。

　校正者に依頼するときは、どの範囲まで見てもらうかを指定します。通常は、校正・校閲を依頼します。校正は主に誤字脱字、言い回しの正確さ、用字用語統一のチェック、校閲は内容が正しいかどうかのチェックを指します。例えば、歴史的出来事の年号や詳細が事実と違っていることを指摘することなどは校閲の仕事になります。校閲は、内容まで踏み込んでチェックするため、時間もかかります。

　入稿日が迫っていてあまり時間がない場合は、校正だけ依頼することもあります。誤字脱字がないかどうか、用字用語統一されているか、明らかにおかしい箇所がないかどうか、「このまま本になって出版されたらまずい」という最低限のチェックをしてもらいます。編集者や著者がしっかりチェックしたつもりでも、間違いは見つかるものです。さらに時間がない場合、素読み（レイアウトした状態のペー

ジを通読しながら校正すること）だけでも依頼したほうが
安全です。

　校正にどのくらい時間がかかるかは、その本の内容やペー
ジ数、校正者の予定などによっても変わります。そのため、
事前に校正者に原稿を送って、どのくらいの時間でできそ
うか相談するとよいでしょう。通常は1週間ぐらいで読め
る原稿でも、ほかの仕事が入っていてすぐにとりかかれず、
校正に時間がかかることもあります。個人の校正者が別の
仕事でふさがっている場合は、校正会社から空いている校
正者に仕事を依頼してもらうこともできます。

　また、できれば本の内容に応じて、そのジャンルに慣れ
ている校正者にお願いするのがベストです。特に専門用語
や特殊記号が多く出てくるような本の場合は、そのジャン
ルに慣れている校正者を探してもらうよう事前にお願いし
たほうがよいでしょう。また、英文がある場合は、英文校
正ができる校正者に依頼しましょう。

校正者、翻訳者の探し方

　校正や翻訳を依頼する際、知っている方がいればよいのですが、ツテがない場合、専門の会社に依頼することができます。本の内容、ページ数、締切、予算などを伝えると、専門の会社がその条件にあう校正者や翻訳者を探してくれるのです。どうしてもその期間内に仕上げてもらいたい場合や自分で見つけられない場合などに、適した方を探してもらえるのはとても助かります。

　専門の会社に依頼すると、そこから個人の校正者や翻訳者に仕事が発注されます。上がってきた校正や翻訳は、仲介してくれた会社を通して依頼者に送られます。そのため、上がってきたものに対して、校正者や翻訳者に質問がある場合は、直接やりとりできず、その会社を通すため、やりとりに多少の時間がかかります。また、仲介会社に支払った金額から手数料が引かれて、校正者や翻訳者に支払われるので、本人に直接依頼するよりも減額されて支払われることになります。そのような事情もよく考慮して、必要ならばお願いするのがよいと思います。

　校正者、翻訳者を探したいときに頼りになる会社のリストです（日本校正者クラブのように、校正者を仲介してくれるところもあります）。

▶ 校正

- 鷗来堂
  http://www.ouraidou.net/

- 聚珍社
  https://shuchin.co.jp/

- 共同制作社
  http://www.kyodo-de.com/

▶ 翻訳

- トランネット
  https://www.trannet.co.jp/

- サイマル・インターナショナル
  https://www.simul.co.jp/

17 │ 文字や画像を DTP で修正する

　この作業は「10. デザイナーに中ページのデザインを依頼する」以降に発生し、ほかの作業と並行して進められます。前述のように、文字や画像の修正は、デザイナーやDTP オペレーターがすることもあれば、編集者が行うこともあります。校正者から戻ってきた疑問や指摘を編集者がチェックし、直す箇所に赤字を入れて、修正が必要な箇所をInDesign 上で直していきます。

　ひととおり赤字を直し終えたら、「つきあわせ」といって、赤字箇所が適切に修正されたかどうか、赤字と修正後のものを並べてチェックします。赤字箇所が直っていたら、マーカーなどで赤字を消していくと直し漏れが防げます。ページ数が多い読み物などの場合は、修正も多く、大変ですが、漏れのないよう、しっかりと直しましょう。

　修正箇所がなくなるまで何回かこの作業を繰り返します。印刷所に入稿する直前までデータの修正をすることもあります。なるべく印刷所へは修正する必要のない完全原稿で渡します。

18 | 定価を決めて注文書を作成する

「14. 用紙を確定して印刷代を計算する」のところで、制作費はほぼ確定していますが、再度、原価計算をして定価を確定します。最初に予定していた定価から変更する場合は、「11. ISBNを割り振る」でつくったバーコードをつくり直して差し替えます（差し替え忘れると配本に支障が出るので注意！　価格決定してからバーコードをつくった方が安全）。遅くとも入稿の1か月前までには注文書を作成して、書店から事前注文をとりましょう。注文書はA4サイズ1枚でつくり、以下の項目を入れます。

▶ 注文書に入れる項目

❶ 本のジャンル（人文書、芸術書、児童書などのジャンル）

❷ 出版社名とロゴ

❸ 書籍タイトル、著者名（一番目立つように）

❹ 発売日（書店に本が届く日）

❺ サイズ、ページ数、並製か上製か、価格

❻ 内容の紹介（なるべく短く、わかりやすく）

❼ 表紙や中ページの画像（FAXだとつぶれるので注意）

❽ 著者プロフィール（過去に出した著書も入れる）

❾ 配本方法（取次経由か直取引か、返品可能か不可か）

❿ 注文冊数と番線（書店番号を記載した四角い印）欄

⓫ 出版社の連絡先（電話、FAX、メール、住所）

これらを1枚にまとめると次のようになります（下図は、Book&Designで実際に作成した注文書です）。

『〈美しい本〉の文化誌』の注文書

以前、書店員経験のある方に注文書の添削をしていただいたことがあるのですが、注文書で最も大事なのは「注文書を見た書店員がその本を仕入れたいと思うかどうか」とのことでした。毎日、各出版社から送られてくる大量の注文書を見なければならないので、どんな内容の本かがすぐわかること、注文したいと思われることが大切だそうです。その書店に来店するお客様がその本を買うかどうかを考えて注文をするため、注文書を送る前に、「この注文書で書店が発注したいと思えるか」を冷静に考えてみましょう。思い入れのある本だと内容紹介に熱が入ってしまうのですが、書店員（発注者）の立場になって客観的に注文書を見直すことも大事です。

　ちなみに、私が注文書を添削していただいた際には「ほぼ直すところはないが、出版社っぽくない名前なので、そもそも出版社なのかわからなかった」とのコメントをいただきました。まだ知名度がない新しい出版社の場合、出版社らしい名前をつけたほうがよいかもしれません。

19 ｜ 受注して刷り部数を決める

　注文書ができあがったら書店にFAXします。版元ドットコム（p.96）やトランスビュー（p.184）に参加している出版社の場合、それぞれに用意されている書店FAX送信リストを利用して、書店へFAXを送ることができます（有料）。人文書用送信リストなど、特定ジャンルの書籍をよく販売している書店をまとめたFAXリストもあるので、出版する書籍の内容にあわせて使い分けるとよいでしょう。

　トランスビューの取引代行に参加している出版社の場合、書店から入った注文をBook Cellar（書店、出版社が使えるオンラインの書籍発注システム）の画面から入力します。取次経由で流通する場合は、書店から集めた注文冊数を取次に伝えます。

　書店からFAXで注文が来たら、集計し、受注数を確定させます。例えば、Book&Designの場合（初版2000部）、

・書店からの受注数：600部
・図書館からの受注数：200部
・版元直販用：300部
・Amazon用：100部
・献本・見本：100部

・倉庫（予備）：700部

といった内訳でした。

　書店からの反応がよければ初版の刷り部数を増やす、反対にあまり反応がよくなければ初版の部数を減らすなどの調整をします。凝った装幀で印刷代が高い書籍の場合、採算がとれず重版しづらい場合もあるので、初版を少し多めに刷ることもあります。

　いずれにしても、書店からの注文状況によって、必要な部数を算出し、初版の刷り部数を決めます。十分検討したつもりでも、「予想外に売れた／売れなかった」ということがあり、経験を積んでも予想どおりにならないことは多々あります。初版部数を決めるときに、重版の試算もしておきましょう。

▶ おおよその初版部数の目安
・300部　購買層が限定される作家の作品集など
・500部　一般的な冊子、Zineなど
・800部　購買層を予測できる冊子、Zineなど
・1000部　オフセット印刷、書店配本の最小部数
・1500部　やや高額でも購買層を予測できる本
・2000部　購買層を予測できる本
・3000部以上　一般読者を対象とした本

コラム
書店への訪問営業

　書店への営業は、FAXによる営業のほか、店舗に訪問して注文を集める訪問営業も行われています。ひとり出版社の場合、訪問営業をあまりしなかったり、営業代行に頼んだりすることもありますが、訪問営業は書店との関係性を深められるよい機会でもあります。

　最近では、積極的に訪問営業をするひとり出版社も増えていると聞きます。がんばって注文をとりたいという気持ちはわかるのですが、訪問営業をする際には書店側への配慮も必要です。忙しい午前中は訪問を避けたり、担当者とじっくり話したいときはアポイントをとったりするとよいでしょう。

　また、書店が発注していない本を「売れたら精算してください」と一方的に置いていったり、送ったりするのは迷惑になるので、やめましょう。商品である本を書店に置いてもらう際には、必ず書店の同意を得るようにしてください。よかれと思っても、そうではない場合もあります。

　書店と出版社は、本を売るためのパートナーだと考えています。お互いに気持ちよく本を売るために、配慮ある営業を心がけましょう。

20 | 書誌データを登録する

　全国の書店やネット書店に広く流通させるためには、書誌データの登録は不可欠です。書誌データとは、タイトル、著者名、出版社名、ISBNなど、書籍の基本情報のこと。これらを登録しておかないと、ISBNや書籍名で検索できず、書店が本を発注するときに支障をきたします。ひとつのISBNにひとつの本の情報がひもづいているからこそ、書店、取次、出版社のどこからでも素早く目当ての本を探し出すことができるのです。

　書誌データを登録する際にはJPROを使用します。1冊ごとに登録料を支払い、書誌データを登録します。

・JPRO（JPO出版情報登録センター）
　https://jpro2.jpo.or.jp/

　JPROのほか、版元ドットコムの専用サイトからも書誌データを登録することができます。

・版元ドットコム
　https://www.hanmoto.com/

　版元ドットコムに加入したのち、自社ページにアクセス

して1冊ずつ書籍の情報を登録します。その書誌情報が各取次、書店、ネット書店に流れ、Amazonのサイトにも掲載されます。書籍の情報を変更したいときは、再度、版元ドットコムの自社ページに記入して更新ボタンをクリックすると、変更された情報が自動的に再配信される仕組みになっています。書誌データ登録後に出版中止になった場合も、こちらのページから登録を取り消すことができます。

　版元ドットコムには、書誌データ登録のほか、ひとり出版社にとって便利なサービスがいろいろ提供されています。それらのサービスやウェブサイトの使い方についての説明会も行われており、とても心強いです。利用には、会費＋書籍1冊あたりの登録料がかかります。

版元ドットコムに『〈美しい本〉の文化誌』書誌データを登録した画面

21 ｜ 印刷所へ入稿する

　このころになると、本の内容はほぼできあがっているので、印刷所へ入稿します。本の各パーツごとにデータを作成し、別フォルダに分けて、印刷所へ入稿データを渡します。入稿時に必要なのは、以下のパーツのデータです。

・カバー（本紙校正）
・帯（つけない場合もある。本紙校正）
・本体表紙（本紙校正）
・見返し（並製の場合はコスト削減のため、つけない場合もある。印刷する場合は本紙校正）
・本文（簡易校正。写真集や作品集の場合は全ページを本紙校正にする場合も）
・スリップ（簡易校正）

［色校正］
　カバー、帯、本体表紙は、本番で印刷するのと同じ用紙で色校正をとるのが一般的です（本紙校正）。見返しに印刷するときも本紙校正をとります。本紙校正の場合、平台校正と本機校正があります。

　平台校正とは、校正用の印刷機で1枚ずつ刷る校正のこと。実際の印刷機を動かして印刷しているわけではないた

め、色校と本番の印刷には若干の誤差があります。通常は
この平台校正機で色校を出します。

　一方、本機校正は、本番で印刷するオフセット印刷機を
動かして刷る校正のことです。本番と同じ条件で印刷する
ため、正確な色を確認することができますが、実際に大き
な印刷機を動かすため、コスト・手間・時間がかかります。
写真集や作品集など、色の出方が重要なタイプの本をつく
るときは、本機校正を行う場合もあります。

　本文の色校正をする場合、全ページで本紙校正をとると、
コストがかかってしまうため、特にチェックしたい何ペー
ジかで本紙校正をとり、残りのページは簡易校正にするこ
とが多いです。印刷の色味やディテールの詳細なチェック
はできませんが、問題なく出力できるかどうか、データに
不備がないかをチェックします。見開きで出力する場合も
あれば、実際の本と同じように面付した状態（ページに配
置された状態）で出力する場合もあります。どちらで出力
するか、入稿のときに指定します。

　本紙校正は、本番と同じ紙に印刷するのですが、簡易校
正は、それぞれ異なる簡易校正機や専用用紙で出力される
ため、色の出方は出力機の機種や用紙によってかなり変わ
ります。気になる場合はどのような状態の簡易校正が出て

くるのか、事前に印刷所に確認しておくとよいでしょう。特に、写真集や作品集など、色の再現性が重要な本の場合は、本紙校正をとるか、本紙校正になるべく近い状態の簡易校正を選ぶか、印刷所に相談したほうがよいと思います。

　何回も色校をとって調整したという話を聞きますが、そのようなケースは事前の打ち合わせがきちんとできていない可能性があります。どのような方向で仕上げてもらいたいのか、事前に印刷所と打ち合わせを行い、そのようなデータを作成して入稿する、または印刷所で調整してもらえば、色校が出てから大幅にやり直すようなことはまずありません。色校を出す前にきちんとデータを調整しておくことが印刷のクオリティを左右します。

　そのためには信頼できる印刷会社の営業担当者やプリンティングディレクター（希望する刷り上がりになるよう印刷工程や方法など全体のディレクションを行う専門職）と入稿前に入念な打ち合わせをして、どのような印刷にしたいのか具体的に伝えることが肝要です。

[入稿データの形式]
　入稿するときのデータ形式には、InDesign データと PDF データがあります。写真やイラストの色味を印刷所で調整してほしい場合には、画像データと InDesign データを入稿

します。PDFデータは、画像が埋め込まれているため、印刷所で調整ができないからです。InDesignデータで入稿する場合には、印刷所で出力できないフォントが使われていないか、確認しましょう（InDesign上でレイアウトデータを開くと使用フォントを確認できます）。

一方、印刷所でのデータ修正や画像補正が必要ない場合は、PDFデータで入稿できます。印刷所で持っていないフォントを使っていても、PDF入稿なら問題ありません。フォントが別のフォントや文字に置き換わってしまう心配もないので、使用しているフォントの種類が多い場合などに便利です。また、PDFデータのほうがInDesignデータよりデータ容量が軽くなるため、印刷所とデータのやりとりがしやすくなりますし、画像のリンク外れやフォントの文字化け（文字コードが正しく認識されず、ほかの文字に置き換わってしまうこと）などのトラブルも避けられます。そうした利点から、最近ではPDF入稿の割合が増えています。

実際、入稿データに不備があって、印刷所から連絡がくることがあります。その場合は、データを修正して、再入稿することになります。データ形式が正しくない、画像の解像度が足りない、出力できないフォントが使われているなどの理由から、データが受理されないこともあるのです。入稿したあともそのようなトラブルがあるので、印刷所と

連絡がとれるようにしておきましょう。

[入稿時のチェック]

　以下は、InDesign入稿のときに私が使っている入稿デー
タのチェックリストです（実際に出力トラブルで印刷所か
ら連絡があった項目をまとめています）。データに不備があ
ると、印刷所に修正してもらうか、修正したデータを再入
稿しなければならないので、時間もコストもかかってしま
います。そうならないよう、事前にしっかりチェックして
おきましょう。

▶ 入稿時のチェックリスト

・ 入稿データを作成したコンピュータのOSとInDesignの
　バージョンにその印刷所で対応しているか？
・ 印刷所が持っていないフォントを使っていないか？
・ 図版の抜き合わせ（ノックアウト）や乗せ（オーバープ
　リント）の設定は正しいか？
・ 黒い部分のCMYKの合計値が350%を超えていないか？
・ 貼り込み画像の解像度が300dpi以上あるか？
・ コーナートンボ（四隅につけるガイド線）、3mmの塗り
　足しをつけているか？
・ フォントデータや画像データが同梱されているか？
・ 見開きトンボつきの出力見本（PDF）を添付したか？

［入稿指示書］

　また、入稿時には間違いを防ぐため、入稿指示書（仕様書）を添付します。これは使用する用紙や印刷の仕様を現場に間違いなく伝えるために欠かせないものです。

　書式は自由ですが、おおよそ以下の項目を記載したものを入稿データと一緒に印刷所へ渡します。色校をとったあとで紙や刷り色の仕様を変えた場合は、必ず最後に修正した指示書を添付し、間違いのないように注意します。とにかく間違いが起きないように、指示書はわかりやすく、正確に記載しましょう。

▶ 入稿指示書の項目
・書籍タイトル
・サイズ、ページ数、色数、製本方法
・刷り部数（返品された本のカバーや帯を巻き直して再出荷するため、カバーや帯は10〜30％増しで作成する）
・見本出来希望日、見本冊数
・用紙と印刷
・色校の種類（本紙校正か簡易校正か）、必要枚数
・トラブルがあった場合の連絡先（担当者のメールと携帯電話）

　以前はDVDやCD-ROMなどに入稿データを入れて、出

『〈美しい本〉の文化誌』入稿時の指示書

『美しい本の文化誌　装幀百十年の系譜』用紙（入稿時）

2020/02/20 現在
Book&Design

サイズ 　：四六判（たて 188 x よこ 128mm）

ページ数：［口絵］カラー 4C x 16p ［本文］モノクロ 1C x 320p

刷り部数：2,000 部（ジャケット、帯は 2,000+予備 200=2,200 枚）

製本 　　：糸かがり丸背上製本、はなぎれ伊藤信男商店 33 番、スピン同 23 番
　　　　　　板紙は通常の厚みより薄い「薄ボール」13 号（0.96mm）

印刷 　　：（用紙+加工+刷り色数の順に記載）

・ジャケット：ハンマートーン GA スノーホワイト 四六判 130kg
　　　　　　　ヴァンヌーボ V スノーホワイト 135kg
　　　　　　　アングルカラーきぬ白 130kg 　のいずれか。3 種校正後に決定。
　　　　　　　特色1C（DIC338：茶色）+スミ 1C（女神インキスーパーブラック）
　　　　　　　+マットニス+銀箔押し（クルツ or 村田金箔の銀箔）

・帯（暫定）：タント L-57（薄いイエロー）四六判 100kg
　　　　　　　特色1C（DIC457：紫色：調肉濃いめに十分にインク盛る）+マットニス

・見返し 　：タント S-3（濃いグレー）四六判 100kg
　　　　　　　印刷なし

・本体表紙 　：羊皮紙 / 茶　四六判 110kg
　　　　　　　特色1C（特色銀。なるべく銀の光沢感が出るインキでお願いします）+マットニス

・本文 　　：［口絵 16p・写真］b7 トラネクスト 四六判 79kg+4C
　　　　　　　［本文 320p・テキスト］
　　　　　　　北越紀州製紙メヌエット フォルテ W 66kg+1C（女神インキスーパーブラック）

校正 　　：ジャケット、帯、本体表紙は、本紙校正
　　　　　　　本文は、4C ページ、1C ページとも 16p まで本紙校正、
　　　　　　　（本紙 1C 校正希望ページ：p.1、3、6、9、20、37、79、145、
　　　　　　　　　　　　　　　169、179、191、267、295、312-313、320）
　　　　　　　+16p 追加：p.10-11、21、47、111、122、133、163、186、203、213、225、239、249、257、282

　　　　　　　本文 1C ページは文字が確認できればよいので、簡易的な校正（白焼き）で大丈夫です。

『〈美しい本〉の文化誌』校了時の最終指示書

『美しい本の文化誌　装幀百十年の系譜』用紙（最終）

2020/03/06 現在
Book&Design

サイズ　：四六判（たて 188 x よこ 128mm）
ページ数：［口絵］カラー 4C x 16p ［本文］モノクロ 1C x 320p
刷り部数：2,000 部（ジャケット、帯は 2,000+予備 200=2,200 枚）

製本　　：糸かがり丸背上製本、はなぎれ伊藤信男商店 33 番、スピン同 23 番
　　　　　板紙は通常の厚みより薄い「薄ボール」13 号（0.96mm）

印刷　　：（用紙+加工+刷り色数の順に記載）
　　　　　・ジャケット：アングルカラーきぬ白 130kg
　　　　　　　　　　　　特色1C（DIC319：茶色）+スミ 1C（女神インキスーパーブラック）
　　　　　　　　　　　　+マットニス+銀箔押し（村田金箔の銀箔）

　　　　　・帯（暫定）：タント L-57（薄いイエロー）四六判 100kg
　　　　　　　　　　　　特色1C（DIC457：紫色：調肉濃いめに十分にインク盛る）+マットニス

　　　　　・見返し　　：タント S-3（濃いグレー）四六判 100kg
　　　　　　　　　　　　印刷なし

　　　　　・本体表紙　：きぬもみ セピア 四六判 115kg
　　　　　　　　　　　　特色1C（特色銀+白）+マットニス

　　　　　・本文　　　：［口絵 16p・写真］b7 トラネクスト 四六判 79kg+4C
　　　　　　　　　　　　［本文 320p・テキスト］
　　　　　　　　　　　　北越紀州製紙メヌエット フォルテ W 66kg+1C（女神インキスーパーブラック）

力見本と一緒に印刷所へ渡していましたが、いまは営業担当にファイル転送したり、印刷所のサーバにデータをアップロードしたりと、データだけのやりとりも増えてきました。カバー、帯などで特色インキを使う場合は、データ見本だけでなく、出力した紙に特色のカラーチップ（色見本）を添付して渡します。印刷の現場には色見本がないため、DICやPANTONEのカラーチップをあらかじめ添付して印刷の現場に渡すようにします。

　このように、入稿時には、入稿指示書、入稿データ、出力見本をセットにして印刷所へ渡します。入稿後にデータを差し替えたり、修正したりすると、別料金がかかる場合もあるので、間違いがないかどうか入稿前によく確かめましょう。入稿後は印刷所にデータが渡り、気軽に修正できないこともあるため、入稿前になるべく完全な状態にしておくことが大切です。

　印刷所で画像調整してもらう場合には、出力紙に画像調整指示を書き込みます。現場でどのような調整をしてほしいのか、できるだけ具体的な指示を書き込みましょう。例えば、「少し明るく」などの指示は、具体的にどのくらい明るくしたらよいのかが伝わらないので、自分が望む明るさにした見本を添付するとよいでしょう。言葉で説明するよりも、見本を添付するのが効果的です。

コラム
紙見本の入手方法

　書籍でよく使う特殊紙や本文用紙の紙見本の入手方法を紹介します（必ず見本を入手しなければならないわけではないのですが、手元にあったほうが便利です）。

　特殊紙の場合は、紙の代理店である竹尾や平和紙業の紙見本帳のフルセットを入手するのですが、出版社やデザイン会社に在籍したことがある場合は、知り合いの代理店担当者に連絡するのがスムーズです。そのような知り合いがいない場合でもネットなどから見本帳を購入できます。

　本文用紙の場合は見本帳のセットがないので、小さな見本帳を1冊ずつ集めることになります。印刷会社に手配してもらったり、メーカーから購入したりして、入手できます。最近では見本帳をつくらない製紙会社もあります。

　見本帳がない場合、カット見本と呼ばれる1枚の紙で確認することもあります。カット見本は、製紙会社や代理店のショールームで入手することができます。ショールームには、実際に制作された書籍の見本なども展示されているため、印刷された状態も確認できて便利です。

以下に紙のショールームのリストを記載します。予約しなくて
も入れますが、営業は平日のみです（紙の銘柄は廃番になること
も多いため、最新の紙見本帳を入手しておきましょう）。

▶ 特殊紙

・竹尾［東京都、大阪府、福岡県］
　https://www.takeo.co.jp/

・平和紙業［東京都、大阪府、愛知県］
　https://www.heiwapaper.co.jp/

▶ 本文用紙、板紙

・京橋紙業 KYOBASHI ペーパーショールーム［東京都］
　https://kyobasi.co.jp/paper_sr/showroom.html

・日本製紙グループ 御茶ノ水ペーパーギャラリー［東京都］
　https://www.nipponpapergroup.com/opg/

・大和板紙 デザイナーズキット申し込み
　https://www.ecopaper.gr.jp/ed/designer.html

左上から時計回りに、表紙用の板紙・厚紙（大和板紙）、特殊紙（竹尾、平和紙業）、印刷通販や出力ショップで使える用紙（グラフィック、リスマチック）、書籍用紙の紙見本帳

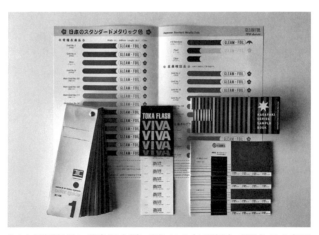

左上から時計回りに、箔（村田金箔）、金銀インキ（大日精化）、蛍光色インキ（T&K TOKA）、特色インキ（DIC）の見本帳

印刷所の選び方（おすすめ印刷所リスト）

　ビジュアルが重要な本では、印刷のクオリティが本の仕上がりに大きく影響します。また、特殊な造本になることも多いので、難しい印刷や面倒な仕様にも対応できる印刷会社に依頼したほうがよいでしょう。一般的に、美術展の図録、写真集、作品集などを多く手がけている印刷会社は技術力があり、デザイナーとの仕事にも慣れていると思います。ビジュアルが大事な本をつくる場合には、そうした印刷所に相談するとよいでしょう。

　印刷所を探すときには、いいなと思う本や美術展図録の奥付を見て、印刷所をチェックしたり、デザイナーに評判がよいところを教えてもらったりするのがおすすめです。コンタクトをとりたい印刷所に知り合いがいれば紹介してもらったほうがベターです。

　初対面の印刷所であれば、最初に連絡して見積もりを依頼することになると思います。そのときにできれば営業担当者と直接会って、どんな印刷物をつくりたいのか説明してみてください。「そういう印刷にしたいのであれば、こっちの紙のほうがいいですよ」「こんな印刷方法もありますよ」というように、アドバイスをしてくれる担当者はその後のアフターフォローもしっかりしているように思います。いずれにしても、困ったことがあると、代替策を

提案してくれたり、迅速に動いてくれたりする担当者だと、とてもスムーズに仕事が進みます。

　また、繊細で難しい印刷の場合、印刷営業担当だけでなく、プリンティングディレクターに入ってもらうこともあります。プリンティングディレクターとは、簡単に言うと印刷の総監督です。打ち合わせの段階で、依頼者が求める印刷イメージを聞き、どのように印刷データを調整して印刷したらよいのか、印刷全体の工程をディレクションするのがプリンティングディレクターの役割です。プリンティングディレクターがかかわることにより、印刷のクオリティが格段に上がることもあります。美術書を多く手がけている印刷所にはプリンティングディレクターまたはその役割の担当者がいるので、相談してみるとよいでしょう。

　絵本『うさぎがきいたおと』を制作したときは、山田写真製版所のプリンティングディレクターにお願いしました。このときは、まず木版画の原画を見ながら、木版画家とプリンティングディレクターがモニタの前で色の調整をしました。木版画家が出したい色の方向に近づくようデータを調整し、デジタルプルーフで出力して印刷したときの状態をシミュレーション。本番の印刷では1回で素晴らしい印刷に仕上がりました。このように、プリンティングディレクターが入ることで刷り直しの時間やコストをかけず、美しい印刷物をつくることができます。よい印刷にするためには、事前の打ち合わせや準備がいかに大切か、実感した仕事でした。

美術書を多く手がけ、プリンティングディレクターが在籍する印刷会社は以下のような会社があります。また、特殊加工や製本で定評のある会社も紹介しておきます。

▶ 印刷
・ 山田写真製版所 ［富山県・東京都］
　https://www.yppnet.co.jp/

・ 東京印書館 ［埼玉県］
　https://www.inshokan.co.jp/

・ 藤原印刷 ［長野県・東京都］
　https://www.fujiwara-i.com/

・ アイワード ［北海道・東京都］
　https://iword.co.jp/

・ サンエムカラー ［京都府・東京都］
　https://www.sunm.co.jp/

▶ 箔押し
・ コスモテック ［東京都］
　https://commercial-printer-720.business.site/

23 | 色校を印刷所へ戻す（校了）

　色校をチェックして、画像を調整してほしい箇所やデータ差し替えがある箇所に赤字を入れて、印刷所へ戻します。

　印刷所で画像調整をしてもらいたい場合は、意図が正確に伝わるように心がけましょう。「少し明るく」「おいしそうに」などの赤字は、実際どのくらい調整したらよいのか印刷所が判断に迷ってしまうので、入稿時と同じようにサンプルをつけるなどして具体的に伝えるとよいでしょう。明るくしたい場合は、希望する明るさに近い写真などを添付して、「この写真のここの部分の明るさに近づける」という赤字を入れると、指示が正確に伝わります。

▶ **よくない赤字とその改善例**
- 「明るくしてください」（どのくらいなのかがわからない）
　→「やや暗いので少し明るくしたいです。添付見本の明るさに近づけてください」（どうしたいのかを伝え、どのくらいかの見本を示す）

- 「おいしそうに」（「おいしい」の基準が主観的で曖昧）
　→「おいしそうに見えるよう、スミをはらって、明るく鮮やかに」（明度と彩度を上げればよいことが伝わる）

[データの修正・差し替え]

　文字や画像などの修正がある場合は、差し替え指示をします。校正紙に「差し替え」と赤字を入れ、どの部分を差し替えるのか指示します。現場で見落としてしまうこともあるので、差し替え箇所には付箋を貼っておくといいでしょう。

　通常はページ単位で差し替え指示をします。差し替えたいページのデータだけ印刷所へ再入稿することになりますが、差し替えページが多くて差し替え間違いが起こりそうな場合は全ページを差し替えることもあります（印刷所によっては1ページごとにいくらというように差し替え料金がかかるところもあるので注意。作業性とコストのバランスで検討してください）。差し替えページがある場合、どのような状態で差し替えデータを渡すと現場で作業しやすいのか、印刷所に確認しておくといいでしょう。

　時間とコストに余裕があれば、再校（2回目に出てくる校正紙）をとることも可能です。図版の色の出方を確かめたいときなどには、再度校正をとることになります。一方、ページが差し替えられたか確認したいなど、色を見なくてよい場合には、色校を出さずに、下版（すべての差し替えが終わり、印刷用の版を出せる状態）前のデータを印刷所から送ってもらって確認する方法もあります。

修正箇所があっても再校で確認しなくて大丈夫と判断した場合は、初校を戻して責了にします。実際は時間とコストに余裕がないため、初校責了にすることも多いです。責了とは、「修正されたものは確認しないけれど、印刷所の責任で進めてください」という意味です。色校を戻す際に修正がなく、そのまま進めてもらう場合は、「校了」と言います。

[印刷立ち会い]

　色校を戻したあと、再校がとれない場合、本番の印刷機で印刷する際に立ち会いにいくことがあります（印刷立ち会い）。写真集や作品集など、色の再現が難しかったり、作者本人が確認したりする必要がある本では、印刷立ち会いが行われることが多いです。

　絵本『うさぎがきいたおと』では、印刷立ち会いを行いました。入稿前に印刷会社のプリンティングディレクターと作家が原画を見ながらパソコン上で色を調整し（色の調整はPhotoshopで行います）、「このまま印刷すれば大丈夫」という段階になるまで、画像調整をしていました。簡易校正で色味を確認したあと、本番の印刷時に印刷立ち会いを行いましたが、修正もなく、1回で責了（この場合は修正が終わり印刷工程に入れる状態になること）。入稿前に入念な画像調整をしておけば、何度も色校をとらずに、スムーズに進めることができます。

『うさぎがきいたおと』の色校を見るプリンティングディレクター

[責了後の工程]

　責了／校了したら、そのあとは印刷所での作業になります。責了後に重大なミスが見つかり、印刷をストップしてもらうこともありますが、現場の作業に支障をきたすため、そうならないよう責了時には入念にチェックします。以下は責了後、印刷所で行われる作業工程です。

① データ差し替え、責了
② 下版（このまま印刷してよいかどうか全データをチェックしてOKを出すこと）
③ 刷版（印刷用の版を用意すること。オフセット印刷の場

合はPS版という薄い板状の版を出力）

④ 印刷（刷版を印刷機にセットして印刷を行う）

⑤ 加工（がある場合、PP貼り、箔押し、型抜きなどの加工作業を別の工場で行う）

⑥ 製本（印刷された刷り本を製本所へ移動し、折り加工したのちに製本する。並製本で2日、上製本は1週間以上）

⑦ 見本出来（製本された見本が届く）

［刷り直し］

　上記工程の「刷版」まで進んだ段階で、データ修正を行う場合、刷版を出し直すことになります。修正が1ページでもカラーページであれば、CMYKの4枚分の刷版を出し直すことになり、時間もコストもかかります。

　さらに上記工程「印刷／製本」まで進んだ段階で、修正がある場合、差し替えページのある折の刷版を出し直して印刷するところからやり直さなければならないため、さらに時間とコストがかかることになります。用紙も余分に必要になるため、手配してもらわないといけないのですが、すぐに用意できない紙もあるので要注意です。通常は印刷が終わった段階で「刷り出し」（「一部抜き」とも。印刷後、製本していない状態のもの）」が出てきます。刷り出しをよく見て、致命的なミスがないかチェックしておくと安心です。刷り直しは時間もコストもかかるので致命的ミス以外

は容認することもあります。

　見本ができてから間違いに気がついた場合には、いくつか対処方法があります。

- カバー、帯：刷り直し
- 本体表紙：刷り直しまたはそのまま。製本後にタイトルの入れ忘れに気づいた場合などはシール貼りで対応
- 本文：1ページ（表裏1枚）だけ差し替えたい場合は「一丁差し替え」。該当ページをカッターで切り取り、修正したページを手で貼る。何か所も間違いがある場合は訂正（正誤）表を1枚はさみ込む

　これらの作業は印刷所に依頼します。部数や修正箇所が多いほど、ダメージが大きいので十分注意しましょう。修正がある場合、あとのほうの工程になればなるほど、ダメージが大きくなります。ミスに気づいたときにはすぐ印刷会社に連絡するようにしましょう。

24 │ 電子書籍を作成する（必要があれば）

　昨今では電子書籍の読者も増えてきているため、電子版を作成することもあります。電子書籍を許可しない著者もいるので、必ず著者の了解をとってから進めてください。

　電子書籍を作成する場合は次の手順になります。

[リフロー型]

　読み物などテキストがメインの書籍では、「リフロー型」と呼ばれるフォーマットで電子書籍を作成することが多いです。「リフロー」とは、書籍からテキストと図版データを抜き出して配置し、電子デバイス上で自由に拡大縮小できるフォーマットのことです。メリットは、文字サイズやフォントを読み手側で変えられること、読み上げ機能が使えるものがあることなど。デメリットは、電子デバイスで表示できる形式に変換するため、紙の書籍と異なるレイアウトになることなどです。

　リフロー型の電子書籍を作成する場合は、電子書籍制作会社にInDesignデータを渡して作業を依頼します。固定レイアウト型よりも制作に時間とコストがかかります。

[固定レイアウト型]

　ビジュアルがメインの書籍などでは、「固定レイアウト型」と呼ばれるフォーマットで電子書籍を作成することが

多いです。「固定レイアウト」とは、その名のとおり、紙の書籍と同じレイアウトで固定されたフォーマットのことです。メリットは、いま述べたように、紙と同じレイアウトで読めること。デメリットは、表示デバイスが小さい場合は画面を拡大しないと読みづらいことなどです。

　固定レイアウトの電子書籍を作成する場合は、電子書籍制作会社に単ページのPDFデータを渡して作業を依頼します。リフロー型よりも制作時間が短く、コストも安くなります。

『要点で学ぶ、ロゴの法則150』(BNN)
電子書籍の場合。
上：リフロー
下：固定レイアウト

電子書籍制作を行っている会社は多数ありますが、小規模出版社がよく依頼しているのは以下になります。

▶ 電子書籍関連会社
・ ボイジャー（制作＋電子取次）
　https://www.voyager.co.jp/

・ DNPメディア・アート（制作）
　＋モバイルブック・ジェーピー（電子取次）
　https://www.dnp.co.jp/group/dnp-mediaart/
　https://mobilebook.jp/

・ スマートゲート（制作）
　https://smartgate.jp/

　電子書籍は、販売するプラットフォームによって、配信されるデータ形式が異なるため、いくつかのデータ形式で作成しておく必要があります。

　電子書籍の販売方法については、2章で説明します。

25 ｜ 刷り出しや見本をチェックする

　責了後、何も問題なければ、印刷所から刷り出しや見本が届きます。すぐに確認して、不具合があれば印刷所に連絡をします。不具合がなくても、刷り出しや見本が届いて確認したことを印刷所に伝えておきましょう。そのため、刷り出しや見本が届く日はすぐ確認できるよう、出張や旅行などの予定は入れないほうが無難です。何かあったときにすぐ対応できないからです。

　以下、刷り出しや見本確認で問題が見つかるケースです。

・用紙や刷り色が間違っている
・差し替えた箇所が直っていない
・色の出方が極端におかしい
・配本できないレベルの重大な誤植がある
・ブロッキング（インキがほかのページに色移りしたり、紙同士がくっついたりする現象）が起こっている
・製本の不具合（大幅にずれてノンブル［ページ番号］が裁ち落とされているなど）

　配本できないくらいのトラブルがあった場合は、すぐ印刷所に連絡し、対処方法を相談しましょう。

26 │ 制作関係者やプレスに見本を送付する

　見本に問題がなければ、まず著者とデザイナーに見本を送ります。その段階で間違いが見つかることもあるので、すぐに確認してもらいましょう。そのあと問題がなければ、制作協力者や取材先、図版提供者などに献本します。そのほか、書評を書いてくれそうな方、新聞、雑誌、ウェブなどメディア関係者にはプレスリリースをつけて献本します。書評で取り上げられると、書店からの注文が増えるので、可能性がある媒体には献本しておきましょう。最近は閲覧数が多いウェブメディアを中心に献本しています。

　また昨今では、TwitterやInstagramなどSNSのフォロワーが多い人やチャンネル登録者数が多いYouTubeの運営者などに献本することも増えてきました。Amazonなどにレビューを書いてもらうため、興味を持ってくれそうな知り合いに献本するのも効果的です。ウェブメディアとSNSを組み合わせた告知がメインになりつつあります。オンラインでいかに効果的に告知していくかが読者を増やすための鍵になります。最近売れている本を見ると、SNSのフォロワーが多い人やYouTuberが著者となっているケースが多いようです。

27 | 販促をする（イベント企画やプレスリリースの作成）

　本ができる前から、告知や販促をします。告知販促活動には、本が出ることを知ってもらうための告知活動と本を買ってもらうためのイベントの企画があります。

[告知]

　最も効果的なのは著者による告知です。SNSのアカウントを持っている著者であれば、Twitter、Facebook、Instagramなどで告知してもらいます。タイミングをあわせて出版社のSNSやウェブサイトで告知するとよいでしょう。つぶやきが多すぎてもうるさくなるので、どのくらいの頻度でつぶやくかは難しいところです。

　SNSを見ている人が多い時間帯につぶやくのが効果的です。フォロワーの多い人のRT（リツイート）で拡散されることもあるので、なるべく多くの人の目にとまるよう、文面を工夫してみてください。テキストだけよりも画像をつけたほうがRTされやすくなります。表紙画像を左側に1枚、中ページ画像を右側に2枚並べると、画像が切れずに表示できます。大きい画像を1枚、または小さい画像を4枚並べるのも効果的です。本の内容を記載したウェブサイトのURLも忘れずに入れましょう。

もし可能ならその本の専用サイトをつくり、書籍の詳しい内容を記載しておきます。そこからAmazon書誌ページと自社直販ページへリンクを張っておくと、内容を見た読者から事前予約を集められます。事前予約が多いほど、Amazonに多く納品できるのです。書籍の内容が伝わるよう、中ページのビジュアルやテキストを多めに事前公開するとよいでしょう。読者が本の中身を見なくても買いたいと思えるくらい情報を出すことが重要です。専用サイトはトップページ1枚だけのサイトでも十分です。新たにドメインをとらず、無料で作成できるウェブサービスを使ってもよいでしょう。書誌データ、目次、表紙・中ページ画像など最低限の要素が入っていればOKです。簡単なものでもいいので、その本専用のウェブサイトとTwitterアカウントをつくることをおすすめします。

『〈美しい本〉の文化誌』
Twitterでの告知画面

[メール]

　SNSを使った告知のほか、メールでもプレスリリースを流します。SNSを見ていない、アカウントを持っていない方も多いため、メールでもフォローします。可能ならば、Bccの一斉メールではなく、個別にメールを送りましょう。個別にメールする際は、書評を書いてもらう、学校などで告知してもらう、Amazonのレビューにコメントを記入してもらうなど、具体的な協力をお願いしてもよいでしょう。協力していただけそうな方には献本をします。直接お願いすることになるので、近しい間柄の方に限られますが、効果は大きいです。

[チラシ]

　また、専門書の場合は、そのジャンルを学ぶ学生のいる学校や、読者が訪れそうな場所（店舗や展示会場など）にチラシを送ってもいいでしょう。チラシはインターネット通販で安く発注し、各施設へ郵送します。個別にDMを送るよりも施設宛に送ったほうが送料を節約でき、より多くの人に見てもらうことができます。

[書評]

　不特定多数の人に見てほしい場合は、新聞や雑誌などの書評担当者宛に献本します。最近ではウェブマガジンなどの媒体に献本することが増えました。その本と関連あるジャンルのウェブ媒体にプレスリリースや見本を送っています。

『〈美しい本〉の文化誌』チラシ、新聞書評、事務所での展示

Book&Design

〈美しい本〉の文化誌 装幀百十年の系譜

臼田 捷治 著

明治以降110年350冊の美しい本でたどる
日本のブックデザインをまとめた決定版!

夏目漱石『吾輩は猫である』以降、約110年間に日本で刊行されてきた、美しい本350冊を振り返り、ブックデザインの変遷をまとめた本です。
ベストセラーや話題になった装幀のほか、村上春樹『ノルウェイの森』など著者による装幀、恩地孝四郎や芹沢銈介など工芸家による装幀、文化人や編集者による装幀を紹介。書籍で使われてきた用紙や書体に至るまで、あらゆる角度から解説。著者は『装幀時代』『現代装幀』『装幀列伝』『工作舎物語』など、装幀に関する書籍を多数執筆している臼田捷治氏。
日本の造本文化を支えてきた装幀家、著者、編集者らの仕事でたどる日本近代装幀史の決定版です。

【目次】
第一章：日本の装幀史を素描する
第二章：日も穏なる装幀行か、それとも異質な美しさか
第三章：様式美を支える画廊家装幀と〈版〉の重みと
第四章：装幀は紙に始まり紙に終わる―書籍のたてもなす〈用紙〉へのまなざし
第五章：〈図解書体〉の装幀〈の語頭～書者在者、詩人、文化人、画家、編集者による実践の行方
第六章：タイポグラフィに基づく方法論の確立と書き文字による反逆さ
第七章：ポストデジタル革命時代の胎動と身体性の復活と

【著者プロフィール】
臼田 捷治（うすだ・しょうじ）：1943 年、長野県生まれ。『デザイン』誌（美術出版社）編集長などを経て1999 年からフリー。グラフィックデザインと現代装幀史、文字文化分野の編集協力および執筆活動に従事。おもな著書に『装幀時代』（晶文社）『現代装幀』（美学出版）『装幀列伝 本を設計する仕事人たち』（平凡社新書）（ともに平凡社新書）『工作舎物語 眠りたくなかった時代』（左右社）、編著に『書影の森 筑摩書房の装幀 1940–2014』（みずのわ出版）などがある。

【商品概要】
仕様：四六判／丸背上製本／ 336p（カラー口絵 16p＋モノクロテキスト 320p）
ISBN 978-4-909718-03-7 C3070 ／本体 3,000 円＋税
刊行：2020 年 4 月中旬予定（トランスビューの注文扱い制）
執筆：臼田捷治／装幀：佐藤篤司／印刷：藤原印刷

発行：Book&Design
info@book-design.jp　http://book-design.jp
（内容のお問い合わせ、取材・画像のリクエストは、Book&Design まで）

本書は Book&Design の直販サイトからお求めいただけます。
https://bookdesign.theshop.jp

発売前に記事を掲載してもらえること、ネット通販などの購買に直結することから非常に大きな影響力があります。

　また、テレビで紹介されるのはなかなか大変ですが、有名人が制作にかかわっているなど、なにか話題性があれば、とりあげてもらえるかもしれません。特定の芸能人が興味を持ってくれそうな内容の本の場合、芸能事務所に献本することもあります。最近では、YouTubeのチャンネル登録者数やTwitterのフォロワー数が多い方々に献本して、紹介してもらえることも多いようです。

[**イベント**]
　一方、イベントを企画する場合もあります。一般的なのは、書店で行われる著者のトークイベントやサイン会などです。イベント開催にあわせて、書店が本を仕入れるため、まとまった冊数を受注することができます。読み物の場合は、著者や関係者によるトークイベント、著名人の場合はサイン会、写真集や作品集などビジュアルブックの場合はパネル展などを行うことが多いようです。開催内容は書店と相談して決めます。

　また、書店以外でも著者と関係の深いカフェやギャラリーで展示などのイベントを行うこともあります。展示の場合は、情報ウェブサイトなどで紹介してもらえることも

あるため、告知できるチャンスが広がります。写真集や作品集などビジュアル本の場合は、できれば展示も一緒に企画できるとよいでしょう。反対に個展などの展示開催にあわせて本を出版するというケースもあります。読者（お客様）が集まる機会をなるべく有効活用しましょう。

この原稿を書いている時点では、コロナ禍がまだ収まらず、書店でのトークイベントなどが制限されていました。かわりにオンラインのトークイベントが開催され、書店の直販サイトで本を販売するという新しいスタイルも見られるようになりました。オンラインは、普段会場に足を運べない遠方の方々も参加できる、人数の制限がないなどのメリットはありますが、無料イベントが増えている昨今、有料イベントに集客するハードルが上がってきています。お客様に「どうしても参加したい」という強いモチベーションを持ってもらうことが必要になるため、ただゲストを呼ぶだけでなく、イベントの内容をよく吟味して企画することが大切です。

[開催時期・告知時期]
発売から時間が経つほど集客が難しくなるので、発売後1か月くらいの間にイベントを開催するとよいでしょう。

リアルな場所に集まるイベントの場合、会社帰りに立ち寄る人が多ければ平日夜に、週末に来る人が多ければ土日

に設定します。仕事が忙しい月曜日の夜や家でゆっくりしたい日曜日の夜は、集客しづらいので、避けるようにしましょう。平日ならば仕事が落ち着く水曜か木曜の夜がよいと思います。金曜日の夜はほかの予定が入っていたり、仕事が終わらなかったりする可能性があります。なるべく多くの方が参加できそうな日程で設定するとよいでしょう。

　また、展示などは、1〜2週間程度が多いですが、週末だけ開催するケースもあります。金土日で設定しておくと、仕事帰りに来る方は金曜日に、家族と一緒に来る方は土日に立ち寄りやすくなるので、おすすめです。書店やカフェなど、場所代がかからないところで開催させてもらえるとよいでしょう。私は自分の事務所に併設したギャラリーで自社刊行書籍の展示を開催しています。作品集など芸術書の出版社は、事務所の一角を展示スペースにしてもいいかと思います。

　告知・販促については、なるべく費用をかけずに、思いつくことはすべて試してみることをおすすめします。どこでどんなふうに紹介していただけるかわからないので、なるべく露出を増やすことに注力してください。発売から時間が経つほど告知効果が薄れていくため、発売前から発売1か月後くらいまでに集中して告知するとよいでしょう。

28 | 請求書をもらい支払い処理をする

[著者への支払い（出版契約書）]

　著者、制作関係者に見本を送るときに、支払いの連絡も
します。まず著者への連絡から。著者印税で支払う際には、
出版契約書を取り交わします。執筆前に契約書の内容につ
いては合意し、契約書の雛形を作成しているので（「2. 著
者と打ち合わせする」参照）、本体価格、発行部数、印税率
などを記入した正式な出版契約書を用意します。

　契約書を作成したら、以下の項目に記載漏れがないかど
うか、確認してください。

▶ **契約書に記入する項目**
・書籍タイトル
・著者［甲：著作権者］、出版者［乙：出版権者］の名前、
　捺印、契約日
・契約から出版までの期限
・著者への献本冊数（5〜10冊）
・著者へ販売するときの掛け率（70〜80%）
・完全原稿を出版社に渡す日
・出版契約の有効年数（3〜5年）
・価格、初版部数、印税率（5〜10%）、保証印税か実売印
　税か、印税支払金額

『〈美しい本〉の文化誌』出版契約書

出 版 契 約 書

著作者名：　臼田捷治

書名：　　美しい本の文化誌　装幀百十年の系譜

　上記著作物を出版することについて、

著作権者　臼田捷治　　　　　　　　　　　　　を甲とし、

出版者　　Book&Design　　　　　　　　　　　を乙とし、

両者の間に次のとおり契約する。

　　　　2020　年　3　月　26　日

　　甲（著作権者）

　　　住　所

　　　氏　名　　　　　　　　　　　　　　　　　印

　　乙（出版権者）

　　　住　所

　　　名　称　　Book&Design

　　　氏　名　　宮後　優子　　　　　　　　　印

出版契約書は同じものを2部作成し、出版者が署名、捺印し、著者に送ります。著者にも署名、捺印してもらい、1部は著者が保管、もう1部を出版者に返送してもらいます。そのあと、初版部数に応じて初回印税を支払います。支払い日は出版社ごとに設定された支払い期日になりますが、契約書を交わした翌月または翌々月が一般的です。

　印税支払額については「2. 著者と打ち合わせする」で解説したとおり、保証印税か、実売印税かによって、支払い額と時期が異なります。保証印税の場合でも、初版発行部数すべてに対して払うのか、初版部数の50〜70%分だけ払うのかによって、支払い額が違います。

　例えば、本体価格3000円、初版1000部、印税10%の場合、保証印税で初版発行時に全額支払う場合の印税は30万円ですが、初版部数の50%だけ払う場合は初版発行時に15万円を支払い、精算したときに800部売れていたら、差分300部分の印税9万円を追加で支払います。毎年年末に売上を精算して、追加分の印税を著者に支払う形になります。

　原稿料支払いの場合は、初版発行時のみに支払い、重版したり、海外版が出たりしたときの追加支払いはありません。ただ、著者からの希望があれば、誠意をもって話し合うほうがよいと思います。

ちなみに、電子書籍の印税計算方法は紙の書籍と異なります。紙では、実売印税ではなく保証印税の場合、初版発行部数に対して印税計算をしますが、電子では実入金額に応じた印税計算になります。実入金額とは、電子書籍が売れて出版社に支払われる売上金のことです。紙の書籍では本体価格に対して掛け率60〜70％くらいの実入金額が出版社に支払われますが、電子書籍の掛け率は50〜60％くらいと紙に比べて少なくなります。そのうちの15〜30％が著者への印税と言われています。

［著者以外への支払い（請求書）］

　著者以外のデザイナー、ライター、翻訳者、校正者、イラストレーター、カメラマンなどの制作協力者への支払いについては、それぞれに支払い額を伝えて、請求書を発行してもらいます。請求書発行依頼時には次の項目を伝えて、請求書の書き間違えがないようにしてください。請求書は、PDF送付でも問題ありません。

▶ 請求書に記載してもらう項目
・請求先の出版社（者）名（法人か個人かを記載）
・書籍名
・項目（デザイン料、撮影料などの項目名を記載する）
・金額（税抜きか、税込みかを明示）
・支払い先口座の詳細（銀行名、支店名、口座名、普通／

当座、口座番号）
・ 支払い先の詳細（社名、氏名、住所、電話番号）
・ 請求した日付

　以下を支払い先に伝えておくとよいでしょう。
・ 請求書の送付締切
・ 支払い予定日

[**印刷会社への支払い**]
　印刷会社に「精算見積もりを送ってください」と伝えると、最終的に確定した金額が記載された精算見積もりが送られてきます。

　最初にもらった見積もりと見比べて、疑問点があれば質問してください。紙代が上がっていたり、修正代が加算されたり、やむをえない理由で最初の見積もりより金額が増えることもあります。たまに印刷営業担当者の勘違いで間違っていることもあるので、明細までしっかりチェックしてください。データの差し替えなど修正が多いと修正代が加算され、思っていたより金額が高くなっていることもあります。出版社側の理由であれば仕方がありませんが、印刷会社側の理由で金額が上がっている場合は、譲歩してもらえないか相談してみてもいいでしょう。

精算見積もりの内容で問題なければ、請求書をもらいます。印刷所への支払い期日は最初に取引をする際に双方で話し合って取り決めます。初めて取引する場合は、印刷前に前金を支払い、残りを印刷納品後に支払うケースが多いと聞きます。2回目からは印刷納品後の支払いになりますが、請求書を受け取った翌月または翌々月に支払う場合が多いようです。

　ひとり出版社を始めたころ、「個人だと信頼がないので印刷会社が取引をしてくれないのでは？」と心配していましたが、初回は事前に支払いをすれば取引できました。印刷会社は先に紙やインキなどの材料を仕入れなければならないため、初回はなるべく前金で受け取っているようです。取引実績ができれば、2回目以降は印刷完了後の支払いが可能になりますが、取引実績があっても事前払いの印刷会社もあるので、支払い時期については必ず事前に印刷会社へ確認してください。

29 │ 書店で確認する

　取次配本の場合は見本ができてから約2週間で書店に本が配本されます。書店へ直送する場合は、発送の翌日から数日で本が届きます。

　本が発売されたら、書店店頭でどのように販売されているのか、実際に確認します。意図した売場に本が置かれているか、どんな本と一緒に並べられているのか、をチェックしておきましょう。書店から許可をもらって、売場の写真を撮ってTwitterに流して宣伝します。注文出荷制の場合、注文いただいた書店のみで発売されるため、どの売場で販売されているのか、知らせることも大切です。

　Amazonと直取引（e託）をしている場合は、Amazonの専用ページから書誌情報を直接アップします。直取引をしていない場合は、情報を直接アップすることができません。Amazonで新刊の書誌情報が認識されると、登録された書誌情報が自動的にアップされるようになっています。

　しかし、発売直後に品切れになり、カートが落ちることがあります（Amazonの在庫がなくなり本を購入できないためカートを閉じられる状態）。カートが落ちると、Amazonの倉庫に在庫が補充されるまでカートが開かないため、本

が買えなくなってしまいます。新品を販売するカートが落ちたまま、同じインターフェイスの古本のカートが開いてしまうので、転売業者が法外な値段で出品している古本を間違えて購入してしまう被害もあとをたちません。今のところ対応策がないため（Amazonに対処してほしいと連絡すると、直取引を勧められます）、マーケットプレイスという古本出品エリアに出版元として定価で新品を出品しています。

　マーケットプレイスへの出品は大口出品と小口出品があります。大口出品は1件ごとの手数料が安いかわりに毎月の手数料がかかります。小口出品は毎月の手数料はかかりませんが、1件ごとの手数料がやや高めです。どちらにするかは途中で変更することができるので、取引高に応じて検討するのがよいと思います。

Amazonのマーケットプレイス出品画面

30 | 発売後の売れ行きを見ながら追加受注をする

　発売後しばらくは本がどのくらいのペースで売れているか、追加注文が来ているか、を注視します。新聞に書評が載るとわかった時点で、書店に追加受注のためのFAXを送ります。書評に掲載されると書店からの注文が増えます。店頭に置いてもらえるほか、「新聞で紹介されていたあの本がほしい」というお客様からのお取り寄せ注文（客注）が増えるためです。

[重版の判断]

　書店からの受注ペースが早く、在庫が切れそうな場合は重版の準備をします。初版から修正をする場合は修正データを準備し、印刷の手配をします。重版は早くても2週間、造本が凝っている本の場合はそれ以上の日数がかかるため、売れ行き好調の場合は早めに重版準備をしましょう。

　難しいのは、返品が多い場合です。注文が殺到したため重版したものの、返品が多く来て、重版しなくてもよかったという場合も。どのくらい返品が来そうかは予測が難しく、経験豊富な出版人でも読み間違えることがあります。

　造本が凝っていて少部数で重版すると採算がとれない場合は、重版ができないこともあります。最初の段階で価格

を高めにつけておき、少部数でも重版できる設計にしておくとよいでしょう。いずれにしても初版をつくる段階で重版の試算もしておくことが大切です。

　オフセット印刷では重版の採算があわない場合、オンデマンド印刷を使うという方法もあります。オンデマンド印刷はカラーコピーと同じ要領で1冊から印刷可能で、少部数の印刷に向いています。最近ではオンデマンド印刷の品質が劇的に向上しており、美術全集などもつくられているそうです。1冊あたりの原価はオフセット印刷より割高になりますが、高価格の本であれば原価回収できるため、検討の余地があります。

　試算上、採算があわず、重版できない場合は、発売から何年か後に改訂版を作成することがあります。内容の一部改訂や増補（増ページ）を行い、「改訂版」「新装版」などの副題をタイトルにつけ、新しくISBNをつけ直すことで、新刊として配本できるのです。その際は、初版を持っている人が間違えて買ってしまわないように、改訂版であることを明記しておきます。

　また、ある出版社で品切れになっていた本を別の出版社から出し直す際も、改訂版として出版し直すことになります。出版社が変わるため、新しい出版社のISBNをつけて、

別の本として出版します。前の版を持っている読者がすで
に一定数いるため、改訂版が多く売れるわけではないので
すが、ニーズがあれば検討してみてもよいでしょう。

最初に出版した『ディテール・イン・タイポグラフィ』（左）と改訂版（右）。
発売元が異なるため、違うISBNをつけ直している

以上が本をつくり、販売する一連のプロセスです。出版社を運営するということは、このプロセスを毎回繰り返していくということになります。「1冊つくってみたけど、企画と資金が続かない」ということのないよう、本をつくるという制作面と、お金の出し入れという資金面を両立させることが大切です。

　つくりたい本をつくっても全然売れないとお金が入ってこず、次の本がつくれなくなってしまいます。ひとり出版社の場合、「出さないほうがいい」と止めてくれる人がいないので、自由な反面、どんな本でも出せてしまう怖さもあります。「この本を出版したい」という強い情熱だけではなく、「採算はとれるのか？」という冷静な判断も必要になってきます。ほかの人の意見を聞くことはできますが、最終的に決めるのは自分です。ひとりの人間が、クリエイターとして、経営者として本をつくっているのが、ひとり出版社のおもしろいところではないかと思います。

売上の入金時期

本が売れたあと、売上金の精算があります。取次委託の場合は、取次から売上金が支払われます。取次によって支払い時期が異なりますが、新刊委託の場合、一般的には発売半年後に精算し、翌々月に支払われる場合が多いです。

書店との直取引の場合、初回配本分については発売後の翌月や3か月後に精算し、精算の翌月に支払われることが多いようです。Amazonとの直取引の場合は、発売から2か月後に支払われますが、書店より卸値が安くなります。入金までどのくらいかかるかは出版社を運営する上で非常に大切なので、取引を始める前に必ず確認してください。

本の卸値（掛け率）は取次、出版社、書店ごとに違うため、最初に決められた掛け率で計算することになります。新しい出版社ほど掛け率が低く（取引条件が悪く）、老舗ほど掛け率は高く（取引条件がよく）なっています。掛け率が高いほど、入金金額が増えるので、掛け率の設定は非常に重要です。掛け率などの取引条件を取次と話し合う際には慎重に交渉しましょう。

コラム
直販サイトのつくり方

　読者に直接本を売りたい場合、頼りになるのが直販サイトです。自前で決済サイトをつくろうとすると大変ですが、現在は簡単に直販サイトを制作できるウェブサービスがあるので、それらを使うとよいでしょう。主なサービスは以下になります。

▶ 主な直販サイトサービス
- BASE　https://thebase.in/
- STORES　https://stores.jp/

BASEで作成したBook&Designの直販サイト
https://bookdesign.theshop.jp/

これらのサービスを使うと無料で簡単にウェブショップをつくることができます。商品の追加、削除、修正もできて、使いやすいです。わからないことはメールで質問でき、サポート体制もしっかりしています。基本料金がかからないプランは無料で使うことができ、売上金額から手数料が差し引かれた金額が口座に振り込まれる仕組みになっています。

　新型コロナウィルスの影響で書店が休業になった緊急事態宣言時には、この直販サイトにとても助けられました。Book&Designにも直販サイトがあり、この時期は読者からの注文が特に多かったです。クレジットカード支払いで直接注文でき、すぐ本が届くので、お客様からは喜ばれました。送付先住所やクレジットカード情報を入力しなければならないのですが、Amazon Payが使えるようになり、Amazonのアカウントを持っていればそれらの情報の入力は不要です。この先も使いやすいようにサービスが進化していくと思われます。

　直販は出版社と読者が直接つながれるしくみでもあるので、ほかの自社本を知ってもらったり、ファンになってもらったりするよい機会でもあります。お客様と直接接することになるので、心をこめて、丁寧に接する姿勢が大事だと思います。

本の発送料をおさえるコツ

　ひとり出版社を始めてから、意外と多い作業のひとつが本の発送作業です。取次、倉庫、書店、読者から注文があったときに本を発送するのですが、送料をいかに節約するかはひとり出版社の経営に大きく影響します。本の冊数や重さによって宅配便や郵便を使い分けて、なるべく安く発送できるようにしています。

　宅配便の場合は、サイズ、重さ、宛先によって送料が異なるため、なるべくコンパクトにまとめるのがコツです。基本的には段ボールに本を入れて発送しますが、雨や雪で濡れないよう、ビニールの袋に本を入れることをおすすめします。

　また、荷物をトラックに積み降ろしするときの衝撃で本が傷まないよう、段ボールの真ん中に本を入れ、その周囲にクラフト紙や緩衝材などを入れるとよいでしょう。本は縦置きではなく、必ず横置きにして安定させてください。輸送時に段ボールの中で本が動いてしまい、角が折れたり、帯が破れたりするのを防ぐためです。

　一方、読者からの注文などで1冊だけ送る場合は、全国一律料金で届く郵送にするのがベストです。ここで注意したいのは、荷

物の厚さが3cm、大きさがA4を超えると、送料が割高になるということです。3cm以下、A4以内であれば以下のいずれかの方法で送ることができ、通常の本を送る場合はクリックポストが最安となります。ひとり出版社で本をつくる場合には、輸送コストも考え、3cm以下に収まるようにつくることをおすすめします。

▶ 郵送の種類

- スマートレター：全国一律　180円

  大きさ25×17cm（A5ファイルサイズ）、厚さ2cm以内、
  重量1kg以内

- クリックポスト：全国一律　185円

  大きさ34×25cm（A4ファイルサイズ）、厚さ3cm以内、
  重量1kg以内
  ※Yahoo! JAPAN IDおよびクレジットカードの事前登録が必要。
  Amazonアカウント／Amazon Payによる支払いも可能

- レターパックライト（青）：全国一律　370円

  大きさ34×24.8cm（A4ファイルサイズ）、厚さ3cm以内、
  重量4kg以内
  ※レターパックプラス（赤）は封筒に入れれば厚さの制限はなし、
  重量4kg以内で520円

  https://www.post.japanpost.jp/
  （2022年7月現在）

コラム
倉庫のこと

　出版業を始めると、在庫をどこに保管しておくかという問題が発生します。最初の1、2冊であれば、在庫を事務所や自宅に保管できますが、刊行点数が増えてきたら、倉庫に預けることを考えたほうがよいでしょう。

　倉庫を探す場合は、ほかの出版社が使っている書籍用の倉庫を紹介してもらうと、評判や使い勝手などがわかって安心です。

　Amazonと直取引をする場合は、Amazonに対応している倉庫に預けると、出荷作業も行ってもらえます。トランスビュー扱いの場合は、トランスビューが指定する倉庫に預け、代金を支払う形になります。

　倉庫代は、基本の預かり料金に加えて、出荷や返品など本の出し入れ回数ごとに料金がかかります。在庫や返品が増えるほど、倉庫代も増えていくことになります。在庫が大量に余ってしまい、出荷の見込みがない場合には、在庫を少し断裁（破棄）することもあります。

番外編

翻訳出版

翻訳書の出版のプロセス

　ここからは、海外で出版された本の日本語版（翻訳書）を制作する翻訳出版のプロセスを説明します。翻訳出版とは、日本以外の国で発行された本の日本語版出版権を取得して翻訳し、日本語版書籍を発行することを指します。現在、海外のベストセラーが日本語に翻訳されて出版されているので、なじみがあるかと思います。

　一般的に翻訳書の出版プロセスは以下のとおりです。ひとつずつ説明していきます。

1. 翻訳したい本の原書、PDFを入手する
2. 原書出版社に版権の問い合わせをし、オファーする
3. 版権取得可能なら、契約と支払いをする
4. 翻訳書を制作し、原書出版社のチェックを受ける
5. 翻訳書を出版する

1 | 翻訳したい本の原書、PDF を入手する

まず、翻訳したいと思っている本を入手します。洋書店やネットで原書を購入したり、原書出版社に連絡して中ページのPDFを送ってもらったりします。原書出版社と直接やりとりする場合もありますが、間にエージェントが入ることもあります。

エージェントとは翻訳書の版権取引を専門に行う会社で、手数料がかかりますが、間に入って交渉・契約を手伝ってくれます。英語が堪能でない場合や初めての取引で不安がある場合などにはエージェントに入ってもらったほうがスムーズです。また、原書出版社から「エージェントを間に入れてほしい」とリクエストがあることもあります。

▶ エージェント各社
- タトル・モリ エイジェンシー
  https://www.tuttlemori.com/

- 日本ユニ・エージェンシー
  http://japanuni.co.jp/

- クリーク・アンド・リバー社
  https://www.cri.co.jp/

2 | 原書出版社に版権の問い合わせをし、オファーする

　原書またはPDFで内容を確認して、「出版したい」と思ったら、原書出版社またはエージェントに連絡し、日本語版の版権が空いているかどうかを確認します。日本語版の版権が空いていたら、版権取得の条件を提示（オファー）します。アドバンスと呼ばれる前払金をいくら払えるのか、具体的な金額を伝えて交渉することになります。

　アドバンス金額の決め方はいくつかありますが、これ以上は払えないという上限額で伝える方法や、1冊あたりの印税額から計算する方法などがあります。印税額から計算する場合、ひとつの目安として、以下のような計算方法があります。

　日本での販売価格×印税率×刷り部数＝アドバンス金額

　例えば、3000円、印税6%、2000部の場合、アドバンスは36万円ですが、最初はそれより低い金額でオファーします。特にアメリカの出版社は、「アドバンス額をもう少し上げてほしい」ということが多いため、最初は安めにオファーしておき、あとで金額を上げるほうが通しやすいです。

　当然、ベストセラーのような本はほかの出版社からもオ

ファーが来ているので、多い部数や高いアドバンス額を提示した出版社が有利になります。ひとり出版社は大手に比べて資金力がないため、オファーの段階で競り負ける場合もあります。

　オファーが通ったらその金額を支払うことになるので、現実的に払える金額でオファーしましょう。契約書が届いてから1か月以内に支払わないと、オファーが無効にされる場合もあります。

　オファー時、原書出版社に伝えるのは以下の項目になります。

▶ **オファー時の伝達項目**
・アドバンスの金額
・販売予定価格
・初版発行部数
・印税率
・版権契約の可否（版権契約かコープロか）
・電子書籍の有無
・刊行予定時期
・その他、希望事項（表紙デザインや判型を変えたい、原書にない文章を追加したいなど）

ビジュアル本の場合は、版権契約が可能か、コープロ（co-production）なのかも確認してください。版権契約の場合は、版権を取得したあとでレイアウトデータをもらい、日本で印刷することができるため、刊行時期を自由に決めることができます。一方、コープロとは、原書出版社が版権契約した他国語版もあわせて一緒に印刷することによって印刷コストを下げる方法です。芸術書など、カラーのビジュアルが多く印刷コストがかかる本でよく使われている方法なのですが、コープロの場合、印刷スケジュールが原書出版社の都合で決められているため、スケジュールの制約があります。また、海外で印刷されるため、不良本が混在することも少なくありません。版権契約を選択できる場合は、スケジュールと品質を日本でコントロールできる版権契約にしたほうがよいでしょう。

　これらの条件を提示してオファーし、原書出版社で検討してもらいます。検討結果は、直接またはエージェントを通じて通達されます。私の経験上、著者を通じて原書出版社にオファーすると通りやすい気がします。特に、始めたばかりのひとり出版社の場合は、まだあまり実績がないので、著者経由のほうがスムーズかもしれません。

3 | 版権取得可能なら、契約と支払いをする

オファーが通ったら、原書出版社が契約書と請求書を作成します（エージェントが入る場合、請求書はエージェントが作成）。契約書と請求書が届いたら、最初にオファーした内容と違いがないか、すぐチェックしてください。実際、私が担当した書籍で、契約書の最低発行部数が間違っていたので、修正してもらったこともあります。約束していない事柄が契約書に盛り込まれていないかどうか、すぐに確認することが大切です。日本の大手出版社では、法務部門で契約内容をチェックしてもらえますが、ひとり出版社の場合は自分で確認しなければなりません。英語が得意でない場合は、誰かにチェックしてもらうか、DeepLなどの翻訳サイトを使って内容をしっかり確認しましょう。

契約書の内容に問題がなければ、代表者のサインをします。最近では紙の契約書ではなく、DocuSignなどの電子契約で行われることもあります。やり直しができないため、内容をしっかりチェックしたうえで、サインしましょう。

一方、請求書については、アドバンス金額とデータ代が請求されます。合意したアドバンス金額と違っていないかどうか確認してください。データ代とは、本のレイアウトデータ（InDesignなどでつくられたデータ）の代金のことです。読

み物の場合は、日本語の縦組みに組み直すため、原書データは必要なく、データ代がかからない場合もあります。

　反対に、ビジュアルが多い本の場合は、原書のレイアウトデータが必須です。写真撮影やイラスト制作で費用がかかっている場合など、データ代が高額になることがあります。アドバンスが安くて、データ代が高くなる場合があるので、データ代がいくらなのかは、必ずオファー前に確認してください。デザイン書の場合、データ代は1000USドルが相場のようです。データ代1500USドルと言われたときは、アドバンスを下げてもらい、全体の金額を調整したことがありました。

　もうひとつ、支払い時の注意として、為替レートがあります。エージェントが請求書を作成する場合、為替レートが高めになっていることがあります。実際、1ドル110円の相場のとき、為替レートが120円で換算された請求書をもらったことがあります。為替レートの違いで、支払い額が数万円高くなることがあるので要注意です。

　このような場合は、実際に支払いをする日の前日の為替レートで再計算してもらいます。為替レートを再計算するときはTTB（電信買い）ではなく、TTS（電信売り）の金額を使います。海外への支払い回数が多い場合には、米ドルの預金口座をつくり、そこから支払うこともできます。

契約と支払いが済むと、原書出版社からレイアウトデータが送られてきます。WeTransferなどのファイル転送サイトで送られてくることが多いのですが、ダウンロード期限切れになってしまうことがあります。すぐにファイルをダウンロードして、ファイルが開けるかどうか、リンク画像がすべて含まれているかどうかを確認してください。すぐに確認せず、あとで気づいてリクエストすると、対応に時間がかかる場合があるからです。

　先方から支給されたレイアウトデータを日本語版でもそのまま使う場合は問題ないのですが、判型を変えるために画像素材だけコピペして使う場合は注意してください。原書のレイアウトデータで設定されたレイヤーやスタイルが、日本語版InDesignで適用されず、画像の縦横比率が変わったり、画像がずれたりすることがあります。

Book&Designで出版した翻訳書『ディテール・イン・タイポグラフィ』。
左から、原書のドイツ語版と英語版、日本語版

4 | 翻訳書を制作し、原書出版社のチェックを受ける

　そのあとの制作プロセスは和書と同じですが、和書にない工程に「翻訳」があります。翻訳者や編集者が自分で翻訳する場合以外は、外部の翻訳者に翻訳を依頼することになります。原書著者の既刊の翻訳を手がけている翻訳者がいる場合は、その方にお願いし、いない場合はそのジャンルに慣れている翻訳者に依頼するのがよいでしょう。

　翻訳者個人に直接依頼する場合とエージェントを通して紹介してもらう場合があります。エージェントを通すと、一定のクオリティが担保されていたり、期日内に翻訳可能な方を探してくれたりするのですが、手数料がかかります。初めて依頼する翻訳者の場合は、少し試訳してもらい、文章の様子を確認しながら進めたほうがよいと思います。特に読み物の場合は、翻訳が書籍全体のイメージを左右する大事な要素になるので、十分検討してから翻訳を依頼することをおすすめします。

　ページ数が多い読み物の場合は何人かで分担して翻訳してもらうこともありますが、翻訳者ごとに言い回しが違うため、メインの翻訳者の文体にそろうように意識してもらいます。1冊を通して同じ調子で読めるよう、最終的な翻訳文の調整が必要です。

翻訳が終わったら、原書のレイアウトデータに翻訳文を流し込み、日本語版のレイアウトを作成します。レイアウトができたら、翻訳者に校正してもらい、編集者もチェックします。

　並行して日本語版の表紙デザインを進めます。タイトルも日本語になるため、原書と同じデザインが難しい場合もあります。原書からデザインを変えてよいかどうかは、契約書を交わす時点で確認をしておきます。表紙デザインと中ページレイアウトを原書出版社に送り、アプルーバル（承認）をもらいます。原書デザインのまま、タイトル部分だけ日本語に置き換わるのであれば問題ないのですが、まったく違う表紙デザインにする場合は、早めにデザインを送って確認したほうがよいでしょう。

　いずれにしても、原書出版社から承認が得られなければ、印刷所に入稿できません。承認には最低1週間はほしいという出版社が多いです。承認に2週間以上かかる場合もあるので、早めに表紙デザインと中ページレイアウトを送るにこしたことはありません。特に、欧米の夏休みやクリスマス前は長期休暇をとる担当者が多いので、なかなか返事が返ってこない場合があります。入稿日が迫っているときなどは、「間に合わないかも？」と心配になるので、早めの進行を心がけてください。

5 ｜ 翻訳書を出版する

　原書出版社から承認が得られたら、印刷所へ入稿します。そのあとの流れは和書と同じです。見本ができたら、契約書に書かれている冊数分をエージェントまたは原書出版社へ送ります。原書の著者へは原書出版社から献本されますので、日本からの発送は不要です。

　見本出来から発売までは、通常の本と同じですが、翻訳書の場合、著者が海外在住なので、書店でのサイン会やトークイベントなどが難しくなります。知名度がある著者や注目度の高いテーマならば、広告を打ったり、書店で大きく展開してもらったりできるかもしれませんが、そうでない場合はプロモーションしづらいというデメリットがあります。国内在住の知名度のある方に翻訳や監修を頼むなどして、プロモーションしやすくすることもあります。

　翻訳書はすでに本ができているので、書き下ろしに比べると刊行スケジュールを立てやすい利点がありますが、出版社のリモートワークが進む現在、契約書の作成が遅れていると聞きます。私が担当した翻訳書で、オファー成立から契約書が届くまで、3か月かかったことがありました。大手出版社ほど、チェックする人数が多く、事務処理がたまってしまうため、契約関係の書類は遅れがちです。こち

らで予定どおり進めていても、先方の都合で予期せず遅れてしまうことがあるので、注意してください。

　反対に、海外の出版社から外国語版のオファーをもらったときも同様の手続きになります。版権の売買はさかんに行われており、フランクフルト・ブックフェアなど、海外の出版社と商談できる世界的なブックフェアもあります。

▶ 海外のブックフェア

* フランクフルト・ブックフェア（世界最大、10月中旬開催）
  https://www.buchmesse.de/en/

* ロンドン・ブックフェア（3〜4月開催）
  https://www.londonbookfair.co.uk/

* ボローニャ・ブックフェア（絵本、イタリア、3〜4月開催）
  http://www.bolognachildrensbookfair.com/en/home/878.html/

* ヨーテボリ・ブックフェア
  （北欧書、スウェーデン、9月開催）
  https://goteborg-bookfair.com/

また、バイリンガルの芸術書は、ディストリビューター
を通して海外に書籍現物を売ることも可能です。

・Idea Books（オランダ）　https://www.ideabooks.nl/
・Art Data（イギリス）　https://artdata.co.uk/
・日販IPS（アジア）　https://www.nippan-ips.co.jp/

フランクフルト・ブックフェアの会場

2章

本の売り方

書店流通のために必要なこと

　1章では書籍のつくり方を説明しましたが、2章ではつくった書籍をどう売るのかを中心に解説していきます。

　本を売る場合、一般的に連想されるのは、書店に本が置かれて販売されるというイメージだと思います。出版社がつくった本を書店に流通させるには、決められた所定の手続きが必要です。

　一般的に多くの出版社は取次を経由して書籍を流通させています。取次というのは出版社と書店の間に入り、出版物の流通と代金の回収を行う会社のことです。各出版社から各書店に本を配送し、代金を回収しようとすると、配送や事務作業が非常に煩雑になります。それらの業務をスムーズに行うため、取次が物流と代金回収を代行しているのです。

　出版取次は明治時代に雑誌取次として始まり、大正時代に書籍も扱われるようになり、戦後に現在の流通形態になったと言われています。大量の出版物を早く安く効率よく書店に届けるため、各出版社の出版物を取次に集め、まとめて書店に配送（配本）するという物流システムがつくられたのです。

　現在も多くの出版社がこの物流システムを使って、出版

物を全国の書店に配本しています。具体的には出版社から取次へ出版物を送り、取次から全国の書店に配本されます。返品がある場合はその逆で、書店→取次→出版社へと本が返ってきます。取次が手配する配送トラックが各書店を回り、配本・返本を行うことになります。

　以上が出版物の基本的な流れになりますが、お金の流れはどうなるのでしょうか？　出版社から取次に本を卸すときに、本体価格の何掛けで卸すかの割合（％）を「掛け率」と言います。掛け率は出版社ごとに異なり、一般的に大手や老舗の出版社は掛け率が高め、新興出版社は低めに設定されています（掛け率を何％にするかは取次が決めています）。掛け率が高いほど、卸値が高くなるため、出版社にとって有利な条件になります。

　例えば、掛け率70％のＡ社が1000円の本を取次に卸すと、取次からＡ社に700円が支払われますが、掛け率65％のＢ社だと650円しか支払われません。ですから、掛け率が高いほど売上が多くなり、出版経営的に有利と言われています。

　また、掛け率は委託か買切かによっても変わります。委託というのは、一定期間書店で販売したのち、売れなければ返品できる条件のことです。一方、買切は、書店が本を買い取ることになるため、原則的に返品はできません。出

版社が取次に口座開設をする際にこのような取引条件を決めます。一度決めた掛け率は取引状況によって下げられることはありますが、上がることはほぼないので、取次と最初に掛け率を決めるときは慎重にしましょう。

　また、掛け率のほか、新刊配本から代金の支払いまでの期間も出版社によって異なります。出版後、一定期間が経ったところで何冊売れたのか精算し、取次から出版社に代金が支払われるのですが、一般的に大手や老舗出版社ほど支払いまでの期間が短く、優遇されています。

　取次は、出版物流通を早く効率よく行うためにつくられた会社ですが、大手取次と呼ばれる日販やトーハンと新規取引を始めるのは非常にハードルが高いと言われています。ベストセラー作家やヒット作がある編集者ならば可能かもしれませんが、十分な資金と実績のない出版業界未経験者が大手取次との取引を希望しても難しいのが現状です。

　大手取次に新規の取引口座が開けなくても、中小取次であれば口座を開ける可能性があります。ひとり出版社との取引にも門戸を開いている中小取次もあるので、相談してみてもいいでしょう。中小取次に流通を依頼する場合は、出版社→中小取次→大手取次→書店というルートで配本されます。それについては後ほど説明します（p.187参照）。

書店への配本の流れ

　一般的に書店へ本を流通させる場合、出版社側では以下のような手続きを行います。

1. 書籍にISBNを割り当てる

　ISBNとは、ひとつの出版物にひとつ割り振られる固有の識別番号です。この番号がないと、出版物の流通に支障をきたすため、必ず必要になります（番号の取得方法はp.59参照）。

　電子書籍には紙の本とは別の番号を割り当てます。https://isbn.jpo.or.jp/index.php/fix__about/fix__about_3/fix__about_32/

2. ISBNと書誌データを登録する

　書籍を流通させるには、割り振ったISBNと書誌データ（p.96）を登録する必要があります（JPROまたは版元ドットコム経由でJPROに登録）。これによって、取次、書店、出版社がネットワーク上で書誌データを見ることができるようになり、書籍の配本や返品などの情報を管理できるようになります。

3. 出版社から取次や書店へ配本する

　書誌データを登録してから取次や書店へ配本します。取次経由の場合、出版社は取次に見本を送り、指定された日

に指定された倉庫へ本を納品すると、取次経由で各書店へ本が配本されます。直取引の場合は、出版社から書店に本を送ります。

　この流れを図で示すと以下のようになります。右図6のように中小取次と取引する場合は、出版社から書店までの間に取次を2社（中小取次→大手取次）はさむことになるので、1社だけの場合よりも掛け率が下がり、配本にも時間を要します。

　取次経由で流通することによって、出版物を大量に効率よく配本することができますが、一方で返品も多くなり、出版社の負担も増えます。そもそも印刷部数が少ない専門書などはそれほど広範囲に配本しなくてもよいので、大量配本の必要はありません。最近では、ネットを使った書店との直取引（右図4）やトランスビュー（右図5）で本を流通させるなど、取次を経由せずに本を売る出版社も増えてきました。

　このように、出版物の流通方法が多様化し、個人でも利用できる方法もあるため、以前よりもひとり出版を始めやすい環境が整ってきたとも言えます。近年、ひとり出版社が増えているのも、このような流通方法の多様化が影響していると思います。

出版物の流通方法

1. ISBNを取得せず、版元直販

2. ISBNを取得せず、別の出版社のコードを借りる(コード貸し)

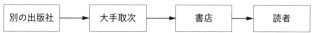

3. ISBNを取得せず、Amazonと直取引で売る(e託)

4. ISBNをつけて、書店と直取引で売る

5. ISBNをつけて、トランスビューの取引代行で流通

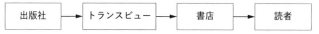

6. ISBNをつけて、中小取次経由で流通

7. ISBNをつけて、大手取次経由で流通

出版物の流通方法を決める

とはいえ、ひとり出版社を始めるにあたり、どの流通方法を使って配本するかは最初に考えておかなければなりません。出版社で編集経験があったとしても、いざひとりで本の流通を始めようとすると、わからないことがいろいろ出てきます。私自身もかなり迷い、多くの方からアドバイスをいただきながら自分にあったベストな方法を探っていきました。

どんなジャンルの本を刊行するのか、どのくらいの価格帯の本を何部くらいつくるのか、どのくらいの頻度で新刊を出すのか、によって、どの流通方法を使うとよいのかが異なります。自分が出そうと思っている本の内容や刊行形態にあった流通方法を選ぶことが大切です。

ここでは、ひとり出版を始めようと考えている方々のために、それぞれの流通方法を詳しく解説していきます。難易度が比較的低い方法から高い方法へ順番に説明していますので、自分にあった方法を検討してみてください。

1 │ 版元直販（直販サイト、イベントでの販売）

　版元直販とは、出版社（者）が読者に直接本を販売する方法です。おもに自社の直販サイトやイベントなどの会場で直接本を売ることを指しています。コミケなどで同人誌を売るのもこの直販にあたります。読者に直接本を売るため、ISBNの取得や書誌データの登録は必要ありません。ISBNがついていないので書籍バーコードも不要です。最もハードルが低く、始めやすい方法と言えるでしょう。

　直販の販売方法には以下があります。

▶ 直販サイト
・出版社のウェブサイト
・既存の直販サイト
　BASE　https://thebase.in/
　STORES　https://stores.jp/

▶ イベント
・コミックマーケット（コミケ）　https://www.comiket.co.jp/
・コミティア　https://www.comitia.co.jp/
・技術書同人誌博覧会（コンピュータ書などの技術書）
　https://gishohaku.dev/
・文学フリマ（文学書）　https://bunfree.net/

一方で、デメリットもあります。イベントなど対面販売の場合は、物理的なお金と本の管理が面倒ですし、ネットなどの通信販売の場合は、本を発送する作業が地味に大変です。自分でがんばって発送できる範囲ならばよいのですが、予想外に売れてしまった場合などはひとりでは発送作業が追いつかない場合があります。

　また、出版物に書誌データやISBNがついていないと検索しづらく、入手先を探しづらかったり、書店で販売しづらかったりすることもあります。対面販売か通販など、自分の手が届く範囲でしか販売できず、販路が限られるため、多くの部数を販売するのは難しいと言えるでしょう。部数は数百部、多くても1000部以下になると思います（逆に1000部以上になる場合は別の流通方法を検討したほうがよいと思われます）。同人誌的要素が強いものやアート系作品集などに向いている販売方法と言えるでしょう。

▶ メリット
・ 出版者としての登録やISBNは不要
・ 個人でも始めやすい

▶ デメリット
・ 販路が限定される
・ 発送や代金回収が面倒

2 │ 別の出版社のコードを借りる（コード貸し）

　同じく ISBN を取得せずにできる方法として、他の出版社の出版コード（ISBN と出版者記号のこと。商業出版するために必要）を借りて出版する「コード貸し」と言われる方法があります。出版コードを持っている出版社から ISBN の番号をひとつ割り振ってもらい、その ISBN を使って書店に本を流通させる方法です。

　その場合、本の制作はあなたが担当し、発売のみを別の出版社が行うことになります。本の奥付には、「発行：あなたの出版社、発売：出版コードを提供した出版社」と記載されます。発行元と発売元が違う会社になっている本を見かけたことがあると思いますが、それはこのコード貸しという方法で流通していることになります。

　例えば、アパレル会社がファッション雑誌を出版したいときなどは、雑誌コードを持っている出版社の出版コードを借りて出版することになります。その場合、「発行：アパレル会社名、発売：雑誌コードを持っている出版社名」と奥付に記載されます。雑誌コードは持っている出版社が限られるため、広告を入れて雑誌形式で出版したい場合などによくこのコード貸しが行われます。

また、継続して出版業をするわけではなく、1回だけとか、たまに出版するような場合、出版社をつくると在庫を保管する倉庫代など年間維持費がかかってしまうため、他社の出版コードを借りたほうがよい場合もあります。

　芸術書で多いのが、アーティストの作品集をこのコード貸しで出版するような場合です。アーティストまたはギャラリーが発行元になり、ほかの出版社に発売元になってもらって出版します。アーティストが出版元となって個人で作品集を出版すると自費出版したように見えるため、名前が知られている美術書の出版社から出版したいときなどに使われる方法です。

　コード貸しの場合、通常、書籍の制作費用は発行元（あなた）が負担します。売上金は発売元（出版コードを貸した出版社）に入るため、そこから売上の何割かを戻してもらうことになります。戻してもらえる金額の割合はコードを貸している出版社ごとに異なりますが、私が知る限り、8割、5割、2割、1割など、かなり幅広く設定されているようです。8割戻してくれるところはかなり良心的ですが、1割だとほとんど利益が出ないどころか、制作費も回収できません。5割でやっと制作費を回収できる感じです。また、売上の精算支払い時期は早くても発売から8か月後、遅いと1年かかることもあります。

この方法で出版物を流通させたとしても、出版社に入る金額が少ない場合、あまり利益が見込めません。出版社として継続して出版事業を行っていくには厳しいと言えます。利益があまり出なくてもよい場合、継続して出版しない場合、最初だけ試してみたい場合などはこの方法でもよいかもしれません。

▶ メリット
・ISBN を取得しなくても本を広く流通させることができる
・販売や在庫管理を他社に委託できる

▶ デメリット
・利益を上げづらい
・売れた冊数はコードを貸している出版社に聞かないとわからない

3 ｜ Amazon と直取引で売る（e 託）

　1. 2. の方法と同様、ISBN を取得せずに本を売る方法として、Amazon と直取引で売るという方法もあります。書店には配本せず、Amazon と「e 託」という直取引で売る方法です（ISBN を取得して書店流通をしながら、Amazon と直取引の契約をすることもあります）。

　Amazon と直取引をする場合、掛け率は書店流通より下がりますが、売上金の入金時期が早いというメリットがあります。また、直取引の申し込みもネット上で完結するため、手軽に始めることができます。

　直取引を申し込むと、ベンダーセントラルという Amazon の管理画面にアクセスできるようになります。ここで新刊登録すると ASIN という Amazon 独自の ISBN のような番号が割り振られます。この番号で出版物の実売数や売上などのデータを管理します。

　ちなみに、紙の書籍を刊行せず、電子書籍のみ刊行する場合は Amazon Kindle ダイレクト・パブリッシングというサービスに申し込みます。こちらもウェブサイトにある説明どおりに手続きすれば、電子書籍を販売できるようになり、非常に手軽です（紙の書籍もオンデマンド印刷で販売

できるようになりました）。

　一方、デメリットとしては、Amazonとの取引条件が時々予告なく変更されることや、Amazonから出版社に返品された本が傷んでいることなどがあります。便利さと引き換えにAmazonに有利な取引条件を強いられることになるので、出版社側にそれなりの覚悟が必要とも言えます。

　販売方法がAmazonのみになるため、著者や出版社が自力で読者に告知して購入してもらうという売り方になります。ネット上で知名度がある著者や特定のファンがいるジャンルならば、この方法で販売するのもよいかもしれません。

▶ メリット
・手軽に始められる
・入金までの期間がほかと比べて短い

▶ デメリット
・掛け率が低い
・取引条件が予告なく変更される（交渉の余地がない）

4 | 書店と直取引で売る

　ここからは、ISBN が必要な流通方法を順番に説明していきます。全国の書店に広く配本するためには、出版物に ISBN をつけることが必須となります。ISBN がないと納品や返品の管理がしづらいためです。ISBN の取得自体はさほど難しくなく、p.59 で説明した手法で取得できます。

　ISBN はつけても、取次などを使わない方法として「書店直取引」があります。書店直取引とは、出版社から書店に直接本を送り、売上の精算も直接行うことです。間に取次をはさまないので、直取引と呼ばれます。

　書店と直取引を行う場合は、出版社が各書店に営業して注文をとっていきます。受注した冊数の書籍と納品書を書店に送り、売上精算後に請求書を送って、書店から代金を支払ってもらう形になります。取次に取引口座を開設しなくても書店に出版物を流通できるのですが、請求書の送付や代金の回収などを自社で行わなければならず、この作業がかなり煩雑になります。そのため、ひとり出版社が自分で本をつくりながら書店営業も行うのはかなり厳しく、外部に書店営業代行を頼む必要があります。

　つまり、書店との直取引は、出版社側では書店営業や事

務作業の経費がかかり、書店側では個々の出版社ごとに返品や支払いを行わなければならないため、どちらも事務作業が増えることになります。

　この方法を行っている出版社は、ひとり出版社ではなく、何人か書店営業スタッフがいる出版社が多いようです。ひとり出版社には負担が大きいかもしれません。

　ただ、この方法はほかの方法と併用可能で、特定の書店のみ直取引で取引することもあります。通常は取次を通していて、直取引を希望する書店には直で卸すというケースも見られます。

▶メリット
・取次に口座を開かなくてもできる
・どこの書店でどれだけ売れたかわかる
・書店とのつながりが強くなる

▶デメリット
・出版社や書店の事務作業が煩雑になる
・配本先が直取引可能な書店に限られる
・ひとりだと書店営業に回りきれない

5 | トランスビューの取引代行で流通

　出版社のトランスビューが書店から受注した本を納品する直取引のシステムをほかの出版社にも提供している流通方法。トランスビューが書店に本を送るときに、ほかの出版社の本も一緒に送ることによって、送料や事務作業などの経費を各社で分担、効率化しています。Book&Designも2018年からこの方法で書店へ納品してもらっており、現在では約160の出版社がこの仕組みを利用しているそうです。

　メリットとしては、取次を通さず出版社から書店に直接本を送ることで、書店に早く、希望冊数の本を届けられること（注文の翌々日には届く）、書店の利益が増えることなどがあります。書店と直取引する際、事務作業が煩雑になるという課題に対しては、トランスビューが各書店や各出版社分の事務作業をまとめて行うことにより、効率化しています。つまり、取次が行っていた役割を出版社であるトランスビューが代行すること（取引代行）によって、スピーディーに納品できるわけです。

　もうひとつのメリットとしては、書店が売ろうと思った分だけ発注するので、返品率が低いことです。この方法の平均的な返品率は平均1～2割で、取次自動配本の返品率が平均4割なのと比較すると、かなり低い返品率です。

取次をはさまない分、書店の利益が増えるため、1冊1冊の本を大事に売ってもらっている印象です。取次の自動配本による大量返品（効率化された自動配本によって、書店が注文していない本が自動的に届いてしまうため、返品率が上がること）が問題になっている現在、理にかなった方法とも言えます。

　反対に、この方法は書店にその本を注文してもらわないと納品できないため、取次の自動配本に比べると、納品数自体は少なくなります。そのかわり返品も少ないという感じです。発注してくれる書店や購入しそうな読者をある程度予測できるようなタイプの本を出す出版社に向いている方法かもしれません。

　この方法で納品できるのは、トランスビューと直取引している書店、カフェ、雑貨店などの店舗です（2022年現在、約4000店舗と直取引）。それ以外の書店に納品したい場合は、取次経由で返品不可の買切条件にするか、取次流通も併用するか、別の方法を検討することになります。

　トランスビューの取引代行については、書籍『まっ直ぐに本を売る　ラディカルな出版「直取引」の方法』（石橋毅史著、苦楽堂刊）をご参照ください。

▶ メリット
・書店に早く納品できる
・取次配本に比べて返品が少ない
・取次配本に比べて入金が早い

▶ デメリット
・書店から発注がないと納品できない
・トランスビューと取引のない書店へは取次経由の買切
・新刊を出さなくても毎月の利用料がかかる

[参考]
書店から出版社へ直接注文ができるシステムも登場。ウェブサイトで1冊から本の注文ができ、利用している出版社や書店も増えつつあります。

・BookCellar　　https://www.bookcellar.jp/
・子どもの文化普及協会　　https://b2b.kfkyokai.co.jp/
・一冊！取引所　　https://1satsu.jp/

6 | 中小取次経由で流通

　この段階から取次を経由する流通になり、難易度が上がります。というのも、取次と取引をするために口座開設をすることになるからです。大手取次（総合取次）との口座開設は冒頭で述べたようにかなり難易度が高いため、ひとり出版社の場合は中小取次（専門取次）で口座を開設するケースが多いと思います。

　日本出版取次協会の加盟社数は2020年時点で18社。そのうち、大手取次と言われる日販、トーハンがシェア70%を占め、それ以外が中小取次となります。中小取次は特定分野の出版物を中心に扱う専門取次が多く、ひとり出版社との取引に応じてくれるところもあります。

　中小取次で口座を開いた場合、出版社→中小取次→大手取次→書店というルートで配本されます。取次を2つ経由するため、大手取次経由より配本に若干時間がかかります。

　ひとり出版社が流通方法を検討する場合、現実的には「5.トランスビュー」または「6.中小取次」を検討することになるかと思います。どちらかひとつにする場合もあれば、両方の流通方法を使う場合もあります。

両方の流通を使うメリットは、トランスビューと直取引をしていない書店に対して取次ルートで受注できることです。しかし、流通が混乱しないように、トランスビュー用のスリップと取次出荷用のスリップの2種類をつくり、別々の倉庫から出荷する必要があるため、出版社の作業負担が増えることになります。一般書などを刊行していて、より多くの書店から広く受注しようと思う出版社は、トランスビューと中小取次を併用する場合があります。

　いずれにしても自社が刊行する書籍のジャンルや配本数によって、どの流通方法を使うのか、検討したほうがよいでしょう。

▶ メリット
・大手取次と口座が開けなくても中小取次経由で書店に流通できる
・書店と直取引するよりも配本できる部数が増える

▶ デメリット
・取次を2社経由するので配本に若干時間がかかる
・配本が増えるが、返品も増える
・出版社に入金されるまで時間がかかる

7 ｜ 大手取次経由で流通

　最後に、最も難易度が高いのが日販やトーハンなど大手取次経由の流通です。先ほども説明したように大手取次と新規取引口座を開設するハードルはかなり高いです。出版業界の有力者からの紹介、今までの書籍の販売実績、十分な資金がないと難しいと言われています。

　大手取次を通すことにより配本できる部数が増えるため、本格的に出版社を運営したいならば、この方法を検討したほうがよいでしょう。

▶ メリット
・ ほとんどの書店へスムーズに配本できる
・ 書店と直取引するよりも配本できる部数が増える

▶ デメリット
・ 新規で取引を始めるのが難しい
・ 配本が増えるが、返品も増える
・ 出版社に入金されるまで時間がかかる

以上が、現在考えられる書籍流通の方法です。

Book&Designの場合、1冊目は「2. 別の出版社のコードを借りる」、2冊目以降は「5. トランスビュー」に切り替えました。刊行する本のジャンルが芸術書（専門書）なので、広く多く配本したいわけではないこと、本の価格が比較的高めであることから、都市部の書店を中心に配本したいと考えました。デザイン書の売場がある書店は限られているので、取次経由で全国津々浦々に広く配本する必要性はあまりなく、書店との直取引で十分カバーできると思ったのです。実際、デザイン書を多く販売している書店から注文をいただいているので、実際に始めてみて特に大きな問題はありませんでした。

Amazonへは直取引（e託）しておらず、トランスビューの取引ルートで出荷しています。そのほうが直取引よりもよい条件（掛け率）で取引できるのですが、最近はカート落ち（p.142）が増えてきました。Amazonと直取引をしていない出版社の在庫は補充されないことが多く、よくこのカート落ち現象が起こります。現状では、楽天ブックスネットワークから在庫補充をしていますが、カートが戻るまで時間がかかります。

あとはマーケットプレイスに定価で出品して、お客様が

購入できる状態にすることぐらいしか対応策がない状態です。e託をしていても安心というわけではなく、頻繁に補充が必要だったり、予告なく条件を変更されたりします。

　もし仮に、出版社が一度決めた流通方法を途中で変更する場合、それにともなう事務作業が煩雑になります。例えば、今まで中小取次経由で配本していた出版社がトランスビューに切り替える場合、現在書店店頭にある在庫をすべて返品してもらい、カバーに専用のシールを貼り、専用のスリップに差し替えて再出荷することになります。返品と再発送の事務手続きや発送料が必要になり、かなり大変な作業を強いられることになります。

　そのため、最初に流通方法を決めるときには、かなり慎重に検討する必要があります。似ているジャンルの書籍を出しているひとり出版社に話を聞くなどして、よく検討してみてください。

電子書籍の流通

　電子書籍の作成方法については、1章で説明したとおりです。ここでは電子書籍の流通方法について、解説します。

　電子書籍の流通については、電子書籍制作会社が流通まで面倒をみてくれる場合と、流通だけ別会社が行う場合とがあります。流通まで一貫して行う会社は、1章で紹介したボイジャーなどです。また、制作と流通を別の会社で行う場合や、制作は自分自身で行い、流通だけ別の会社に依頼する場合、制作も流通も自分で行う場合などもあります。

　紙の書籍と電子書籍をつくる場合は、紙の書籍のISBNに電子書籍をひもづけて書誌データ登録をします。Amazonの電子書籍Kindleの場合、ISBNではなく、ASINという専用番号が割り振られます。

　ちなみに紙の書籍であれば、出荷数から返品数を引いた数が売上冊数になりますが、電子書籍の場合は返品がないため、ダウンロード数が売上冊数になります。このダウンロード数を実売冊数とみなして、印税の計算を行います。実売数について、Kindleの場合は専用ページから、それ以外の場合は電子書籍の流通を行う会社から確認できます。

　また、電子書籍には返品や品切れという概念がないので、いったんプラットフォームにデータをアップしてしまえば、

ずっと継続して販売することが可能です。出版物の内容の修正を行う場合も、修正したページだけ差し替えて、再度データをアップすれば、購入した人はアップデート版を見ることができます。何らかの理由で販売を取りやめる場合は、プラットフォーム上のデータを削除します。

最近は電子書籍プラットフォーム上で、割引セールが行われるようになり、その売上がかなり多くなっています。電子書籍の売上と著者印税を集計してくれるサービスSmart Publishing（https://s-publishing.jp/）も登場しており、出版社にとってますます便利な仕組みが整ってきました。

電子書籍の主な配信プラットフォーム（マンガ専門を除く）は以下のようなものがあります。

▶ 紙と電子の両方を販売
- Amazon Kindle ストア　　https://www.amazon.co.jp/
- 楽天 Kobo 電子書籍ストア
  https://books.rakuten.co.jp/e-book/
- honto　　https://honto.jp/
- ヨドバシ・ドット・コム　　https://www.yodobashi.com/

▶ 電子のみ販売

- BookLive!　　　https://booklive.jp/
- d ブック　　　https://books.dmkt-sp.jp/

▶ 電子書籍の印税計算

- Smart Publishing　　　https://smartpublishing.jp/

コラム
Book&Design の場合

このコラムでは、Book&Design がひとり出版を始めるまでの準備を具体的に時系列で記していこうと思います。これからひとり出版を始める方の参考になれば幸いです。

1. 情報収集

ひとり出版を始めようと思ったとき、まず行ったのが情報収集でした。まわりですでにひとり出版を始めている方に詳しく教えていただいたり、トークイベントに参加したりしました。また、ひとり出版を始めた方の体験記やインタビューをまとめた書籍を読みました。参考になった書籍を挙げておきます。

- 『小さな出版社のつづけ方』（永江朗、猿江商會、2021）
- 『"ひとり出版社"という働きかた』（西山雅子、河出書房新社、2015／2021年に増補改訂版を刊行）
- 『出版社のつくり方読本』（岡部一郎・下村昭夫、出版メディアパル、2017）
- 『小さな出版社のつくり方』（永江朗、猿江商會、2016）
- 『あしたから出版社』（島田潤一郎、晶文社、2014）
- 『ひとり出版社「岩田書院」の舞台裏 』（岩田博、無明舎出版、2003）

これらの本を読んで感じたのは、ひとり出版のあり方は、その人なりの生い立ちや経歴、働き方、どんな本をつくりたいかによって、かなり違うということです。一概にこの流通方法がおすすめなどと言いづらく、これからつくる本の内容や売り方にあわせて、自分にあった方法を考えていったほうがよさそうだと感じました。

2. ISBN の取得

出版を始めるためには、まず出版者記号と ISBN を取得しなければなりません。1章でその方法を解説しましたが、日本図書コード管理センターのウェブサイトに記載されている手順に従って申請するだけです。申請自体はさほど難しくないのですが、申請時に気をつけておくべきポイントがいくつかあります。

まず、出版者として登録する際に、日本国内の住所と固定電話の電話番号が必要になります。これらの情報はウェブサイトなどで公開されますので、公開されてもよい住所、電話番号で登録します。自宅を出版社として登録する場合、住所を公開されたくない方は注意が必要です。特に女性でひとり暮らしの方などは、自宅住所を公開することは防犯上、避けたほうがいいでしょう。バーチャルオフィスでの登録は原則的に認められていないので、登録可能なシェアオフィスや知り合いの事務所の住所を借りるなどしたほうがよいと思います。また、携帯電話での登録も原則的に認められていないので、固定電話の電話回線が必要になります。

次に、法人か個人かという点ですが、法人でなくとも住所と固定電話があれば出版者登録は可能です。法人である必要はないので、個人のまま出版を始めることができます。Book&Design も法人化せず、個人として出版者記号を取得しました。

　最後に、日本図書コード管理センターから確認の電話がかかってきたときの対応についてです。確認の電話の際、申請者が本当に出版を続ける意思があるかどうかを聞かれるので、続けられるかどうかわからなくても必ず「はい」と答えてください。ここでは出版を続ける責任と覚悟のようなものを問われている気がします。出版業を行うことが証明できれば、申請が受理され、通常2〜3週間で出版者記号と ISBN が発行されます。

3. 流通方法の検討

　出版者記号取得後、どのように本を配本するか、流通方法を検討しました。Book&Design で出版する本は、2000円以上の専門書（デザイン書）が中心になるため、都市部の書店とネット書店中心の配本になりそうだと考えました。限られた店舗への配本になるため、取次は使わずに、書店との直取引を選択しました。書店と直取引を行っているトランスビューに問い合わせをして、取引をさせていただくことになりました。

　ほかの芸術書のひとり出版社でも書店直取引ではなく、中小取次経由で配本しているところもあります。より多くの書店に配本したい場合には、取次経由の配本のほうがよいでしょう。前述の

とおり、流通方法を変更すると、そのあと面倒になるため、慎重に決めることが肝要です。

4. 1冊目の本の準備

　流通方法が決まったあとは、出版社として1冊目の本を刊行する準備を始めました。さきほど取得したISBNのひとつを1冊目の本に割り当てます。その番号でバーコードを制作し、制作中の書籍のカバー裏に貼付します。そして、その番号で書誌データ登録や注文書の制作をしました。

　書誌データ登録は、版元ドットコムのシステムを使いました。版元ドットコムに会費を払って加入すると、専用サイトにアクセスできるようになります。そのサイトから新刊の書誌情報を入力しました。最後に登録ボタンを押すと、書誌データが登録されます。そのデータは、全国の取次や書店に送られ、いつ、どんな本が出るのか、新刊情報として流れます。書店に配本するには、この書誌データ登録は必須となります。

　書誌データ登録は遅くとも刊行の1か月前までには済ませておきましょう。登録が刊行直前になってしまうと、取次や書店への告知に支障が生じるためです。定価や内容などに変更が生じてもあとで最新情報に上書きされますので、前もって書誌登録を行っておくほうがよいでしょう。

　注文書は、テンプレートを使って自分で制作しました。トラン

スビューや版元ドットコムが持っている書店FAXリストを使って書店に注文書をFAXすることもできますが、Book&Designでは書店営業代行から書店へFAXをしてもらいました。発売の約3か月前から書店に注文書を送りました。この注文を集計して、どこの書店から何冊注文が来ているかをExcelシートにまとめ、トランスビューへ送りました（現在ではExcelシートではなく、BookCellarというウェブサイトのシステムに注文冊数を入力する方法に変更されています）。

5. 配本準備、発売

　見本ができあがるころになったら、納品と配本の準備をします。トランスビュー取引の場合は、トランスビューの指定倉庫にできあがった本を納品し、そこから注文をもらった各書店へ発送してもらいます。Amazonへはトランスビューから楽天ブックスネットワーク経由で配送されます（Amazonと直取引e託をしている出版社の場合はAmazonの倉庫に納品します）。

　取次と取引している場合は、取次の指定倉庫に本を納品し、そこから各書店へ配本されることになります。以降の物流は、トランスビューまたは取次で行います。トランスビューの場合は発売から翌月または3か月後、取次の場合は一般的に3か月〜半年後に、売れた冊数が精算されます。

　何か月かたって、返品が戻ってき始めると、納品した冊数より返品冊数のほうが多くなる月も出てきます。納品より返品が多く

なると、反対に出版社から返品分の代金を支払う場合もあります。どのくらい返品が来るのか事前にわからないのが怖いところです。最初に多く配本して倉庫在庫が足りなくなり、あわてて重版しても、あとから返品がどかっと来て、結局在庫が余ってしまうというケースもあります。

　この一連の流れを繰り返すことが、出版社として本を出版していくということになります。最初の1冊を刊行するまでの流れを以下に時系列でまとめました。

▶ 最初の1冊を刊行するまでの流れ

2017年	ひとり出版社に関する情報収集を行う
2017年末	トランスビューに直取引のお願いに行き、流通方法を決める
2018年4月	ISBNと出版者記号を取得
2018年6月	注文書作成、書店営業開始、版元ドットコムに加入
2018年7月	版元ドットコムのサイトから書誌情報入力
2018年8月中旬	書籍見本出来、Amazonに書誌データが載る
2018年9月頭	トランスビューの指定倉庫に書籍を納品、発送先書店リストを送付、各書店へ書籍初回発送
2018年10月	著者、デザイナー、印刷所などに支払い
2018年12月	発売3か月後に実売数を精算
2019年2月	トランスビューからBook&Designに初回配本分の書籍売上が振り込まれる

本ができてから売上が入金されるまで時間がかかるので、その間の資金を用意しておくことが大切です。出版社をつくるには、最初の本をつくる制作費用＋最初の入金までの運転資金が必要になります。1冊目の本が赤字になってしまうと、次の本をつくるまで厳しい状態が続くことになるので、1冊目は確実に売れる本を出したほうがよいと思います。

　おかげさまで、Book&Designから刊行した書籍6冊はすべて黒字化しています。購入していただけそうな読者層に向けて、部数を絞って出版するほうが失敗しづらいと思われます。

　出版専業となると年に何冊も出して利益を上げていかなければならないのですが、Book&Designはほかの仕事もしながら出版社を運営する兼業スタイルをとることにしました。そのほうが無理なく、焦らず、出版を続けられると考えたからです。現在では、年に1～2冊ずつ刊行しています。

1.

2.

3.

4.

5.

6.

1. 絵本『うさぎがきいたおと』
   （かみじまあきこ、沙羅、2018年）

2. 『「好き」を仕事にする働き方　東京下町のクリエイティブな起業』
   （イッサイガッサイ東東京モノヅクリHUB、2018年）

3. 『改訂版ディテール・イン・タイポグラフィ
   　読みやすい欧文組版のための基礎知識と考え方』
   （ヨースト・ホフリ著、麥倉聖子監修、山崎秀貴訳、2019年）

4. 『〈美しい本〉の文化誌　装幀百十年の系譜』
   （臼田捷治、2020年）

5. 『欧文書体のつくり方　美しいカーブと心地よい字並びのために』
   （小林章、2020年）

6. 『BAUHAUS HUNDRED　1919−2019 バウハウス百年百図譜』
   （伊藤俊治、発行：牛若丸、発売：Book&Design、2021年）

［刊行までのスケジュール（9月発売の場合）］

4月	5月	6月

● 編集、デザイン作業 →

・ISBN取得
・流通方法を決定

● 校正、文字修正作業 →

・価格と部数を決定
・注文書作成
・書店営業開始
・版元ドットコム加入
・バーコードを作成

7月	8月	9月

● 印刷所へ入稿、校了

→

・書誌データ登録

● 見本出来（中旬）

→

・Amazonに登録
・取次見本出し
　（取次経由の場合）
・書店注文とりまとめ

● 発売（上旬）

→

・書店へ配本
・トランスビュー指定倉庫
　へ納品し、書店へ発送
　（トランスビューの場合）

図書館からの注文

全国の図書館からの注文は、図書館流通センター（TRC）からまとめて発注が来る仕組みになっています。書誌データに登録した新刊情報が流れると、TRCから新刊の注文が入ります。新刊書籍はいったんTRCに納品され、全国の図書館へ送付されるシステムになっています。

図書館からどのくらい注文があるかは、書籍の内容によって異なります。内容がすぐ古くなってしまうような本よりも、長く読まれる本のほうが図書館には向いています。装幀など本に関連した内容の本や図鑑・事典などは図書館からの注文冊数が多いようです。反対に、付録つきや書き込み式の本は図書館からは敬遠されやすいように感じます。

図書館からの注文は、基本的には返品がないため、出版社にとっては非常にありがたいです。まとまった数を注文していただけるよう、早めに情報を流したり、直接営業したりすることもあります。書店への営業と同じくらい、図書館への営業も重要です。

3章

ひとり出版社の運営

ひとり出版社の運営

　3章では、実際にひとり出版社を運営している方々にアンケートを送り、ひとり出版の実状をお聞きしました。絵本、画集、専門書などの出版社の方々に、ひとり出版を始めた理由、出版している書籍のジャンルや冊数、いま使っている流通方法、出版を始めてみて感じたことなどを具体的に書いていただきました。実際に運営されている方のリアルな声は、これから始める方々の参考になるのではないかと思います。

　各社に送ったアンケートの項目は以下になります。
1. 創業年と創業理由
2. 準備資金
3. 法人か個人か
4. 事務所か自宅か
5. 刊行している本のジャンル
6. 年間の刊行点数、どのくらいのペースで新刊を出しているか？
7. 流通方法（取次？　トランスビュー？　直販？）
8. Amazon（e 託している？　していない？）
9. 書店営業方法（自分で訪問？　FAX？　営業代行？）
10. 出版以外でしている仕事
　　（校正の仕事を請けている、書店も経営しているなど）
11. いままでに困ったこと、こうしておけばよかったと思ったこと
12. これからひとり出版を始める人へのアドバイス

[アンケートにご協力いただいた出版社]

▶ 取次で配本
・ ビーナイス
・ 烏有書林
・ 西日本出版社
・ よはく舎

▶ トランスビューまたは取次と併用で配本
・ ひだまり舎
・ コトニ社
・ みずき書林
・ Book&Design

では、次のページから1社ずつ紹介していきます。

株式会社ビーナイス | 杉田龍彦 | 東京都港区 |

2009年に杉田龍彦が東京都港区で始める。刊行第1弾がリソグラフ印刷によるもので、設立当初より「手でつくる」ことを意識した本づくりを目指している。2018年には井上奈奈『くままでのおさらい』美篶堂手製本特装版（5刷）で、2018世界で最も美しい本コンクール銀賞受賞。2020年11月刊行の安達茉莉子イラスト詩集『消えそうな光を抱えて歩き続ける人へ』（2刷）は、荻窪の書店Titleの年間売上No.1。ほかに、絵本『きぼうのかんづめ（3刷）』、フルーツパフェ溺愛誌『パフェ沼』など。社名のビーナイスはブルーハーツの名曲「人にやさしく」の英題に由来。一般社団法人本づくり協会理事。

http://benice.co.jp/

1. **創業年と創業理由**：2009年4月創業。出版社勤務時代は、雑誌編集に携わっており、書籍に取り組みたいと思ったため。一時、編集を離れ、舞台の企画プロデュースをしていたことがあり、そのつくり上げる過程が、観客に見せる＝読者に届ける、ということで役立っています。

2. **準備資金**：200万円
3. **法人か個人か**：株式会社
4. **事務所か自宅か**：併用
5. **刊行している本のジャンル**：アート、絵本、グルメ

6. **年間刊行点数**：2〜3点

7. **流通方法**：取次（JRC）、直取引

8. **Amazon**：e託あり

9. **書店営業方法**：自分で営業、FAX、商談会への参加

10. **出版以外でしている仕事**：ウェブショップを運営

11. **いままでに困ったこと、こうしておけばよかったと思ったこと**：
    まだ無名の作者に出会って、その才能を感じてはいたものの、企画をうまく提案できずに、数年後にその作者が次々といい作品を生み出していた、という経験は何度もあります。あと一歩踏み込めなかったことを残念に思います。

12. **これからひとり出版を始める人へのアドバイス**：
    流行を追わないこと。手がたく無難につくらないこと。絶えず、届け売ることを考え、その努力を惜しまず続けること。
    個人店を含めて、書店を大切にすること。
    自分で届けるよりも誰かが届けてくれた方が、もっと届きます。
    何よりも自分と身近な人を一番大切に、日々、みな笑顔で。

株式会社烏有書林 ｜ 上田宙 ｜ 千葉県千葉市 ｜

上田宙が2008年に始める。石川桂郎『剃刀日記』、皆川博子『ペガサスの挽歌』などの文芸書、髙岡昌生『増補改訂版 欧文組版』、『髙岡重蔵 活版習作集』などの印刷・タイポグラフィ書を出版している。元々文学部で近現代文学を専攻していたこともあり、「文学」とそれを表現する「文字」に興味の中心があるため、このようなラインナップに。
https://uyushorin.com/

1. **創業年と創業理由**：2008年創業。研究者向け資料の復刻出版社で営業職、印刷専門書出版社で編集職を務めたのち、書籍編集に専念したくて烏有書林を設立。前職では仕事の半分以上が雑誌の記事書きで、とにかく書くのが苦痛だったし、印刷書以外の本もつくってみたかった。あと、チームプレイが苦手な性格なのもある。なので取り立てて書くほどの志などはない。

2. **準備資金**：600万円
3. **法人か個人か**：法人
4. **事務所か自宅か**：自宅（最初は事務所を借りていたが、経営難で3年前から自宅を事務所に）
5. **刊行している本のジャンル**：文学と文字（タイポグラフィ）の本
6. **年間刊行点数**：1点
7. **流通方法**：取次（八木書店新刊取次部）

8. **Amazon**：直取引はせず、取次経由

9. **書店営業方法**：遠方はFAXのみ、近場は訪問も

10. **出版以外でしている仕事**：他社本の編集・校正・組版・装幀など。大学講師も

11. **いままでに困ったこと、こうしておけばよかったと思ったこと**：
    最初は知人と2人で資金を出し合って創業したのだが、直後にその知人から「いま勤めている会社に引き止められたので辞めるのやめた。悪いがひとりでやってくれ」と言われ愕然。本当は本だけつくっていたかったのだが、すべての業務をひとりでやるはめに。幸いほかの仕事仲間に恵まれていたのでなんとかやってこられた。

12. **これからひとり出版を始める人へのアドバイス**：
    出版に関するすべてをひとりで適切に行うことはまず無理なので、各分野（編集・営業・印刷・製本・デザイン等々）ごとに、その道のプロ中のプロ（プロが頼りにする人物）かつ信頼できて気軽に相談できる友人がいると安心。

株式会社西日本出版社 ｜ 内山正之 ｜ 大阪府吹田市 ｜

出版社の営業を20年やったのち、吹田で創業。「本籍地の
ある本」をテーマに、西日本ゆかりの本を年間8点ほど刊
行。「原文に忠実に」かつ、誰でも読むことができることを
編集方針にした『よみたい万葉集』『わかる古事記』『わか
る日本書紀』。『瀬戸の島旅』や『くるり』などの旅本は地
元の人たちが主体になってつくっています。3.11で東電原
発ばかりが注目される中、関西の原発を検証する『関西電
力と原発』を関西のジャーナリストたちとつくりました。
「超麺通団」や「獺祭」「私がホレた旨し店」など、食文化
にも注視しています。
http://www.jimotonohon.com/

1. **創業年と創業理由**：2002年4月10日創業。新卒で入った
   出版社で、企画会議を経て出版を決めるのを見て、「つ
   くりたい本をつくるなら、自分で出版社をやるしかない
   な」と悟ったのが、20年後実現しました。原点は平和
   と民主主義。 偶然の出会いが出会いを呼び、本ができ
   ていくので「出会い系出版社」を自称しています。

2. **準備資金**：300万円

3. **法人か個人か**：法人

4. **事務所か自宅か**：友人の出版倉庫の片隅で起業。現在は
   事務所

5. **刊行している本のジャンル**：西日本の本

6. 年間刊行点数：8点

7. 流通方法：取次（日販、トーハンほか）

8. Amazon：直取引（e託）

9. 書店営業方法：自分で訪問することをベースに、FAX、メールでの書店様や取次の支店のみなさんとの情報交換、ほかに、取次出身者に一部営業代行もお願いしています。

10. 出版以外でしている仕事：商業出版専業です。

11. いままでに困ったこと、こうしておけばよかったと思ったこと：困ったことは多いですが、こうすればよかったは特にありません。

12. これからひとり出版を始める人へのアドバイス：
とにかく思ったこと、気になったことはすべてやってみることです。あと、せこくならないこと。書店営業はやったほうがいいですよ。売ることもですが、読者に思いを届けるためのヒントを書店員さんはたくさん持っています。

よはく舎 ｜ 小林えみ ｜ 東京都府中市

2019年、小林えみが東京で設立した人文・社会・アートを扱う出版社。主な刊行書籍に『AHIRU LIFE.』(SANAE FUJITA)、『YOUTHQUAKE』(NO YOUTH NO JAPAN) などがある。
https://www.yohakushapub.com/

1. 創業年と創業理由：納得のいく本づくりをするため。

2. 準備資金：50万円
3. 法人か個人か：法人
4. 事務所か自宅か：店舗兼事務所
5. 刊行している本のジャンル：人文・社会・アート
6. 年間刊行点数：2点
7. 流通方法：取次（鍬谷書店）
8. Amazon：マーケットプレイス
9. 書店営業方法：FAX・郵送
10. 出版以外でしている仕事：書店

11. いままでに困ったこと、こうしておけばよかったと思ったこと：体調が悪いときに仕事が止まったこと。ひとり出版は自分しかいないので、自分が動けなくなったらあらゆることが即止まる。

12. これからひとり出版を始める人へのアドバイス：

ひとり出版で生計を立てるつもりなのかどうなのかが最初の分かれ目。その上で、生計を立てる前提で出版に取り組むのであれば、「困ったこと」に挙げたように、体調不良などのリスクもふまえて生活設計をすること。そこが難しそうであれば、「あきらめる」のではなく、副業・趣味的にどのようにできるのか、いろいろな形を探るとよいと思います。

これから起業を考えている方は、事業所在地についてもまず注意してください。自宅を設定される方も多いのですが、まず、賃貸の場合は「事業利用不可」かもしれません。極端な例で言うと、事業利用不可の物件で、本の奥付に住所を入れて発行してから大家さんにバレて退去、となるといきなり連絡先が変わってしまいます（その間もその住所の入った本が流通します）。生活への影響の可能性もよく考慮してください。

ひだまり舎 | 中村真純 | 東京都八王子市 |

ひだまり舎は、出版テーマを平和・いのち・しあわせと定め、絵本編集者の中村真純が2018年8月に開業した絵本・児童書の出版社。
http://hidamarisha.com/

1. **創業年と創業理由**：絵本専門出版社勤務から、出産・子育て期間16年のブランクを経て、編プロ兼出版社に編集者として仕事復帰しましたが、作者とじっくり向き合って1冊1冊、納得いく本づくりをしたい、大切に読者に届けていきたいという思いが強くなり、自分のペースで出版活動に取り組めるひとり出版という業態を選びました。

2. **準備資金**：250万円
3. **法人か個人か**：個人事業主
4. **事務所か自宅か**：自宅兼事務所です。
5. **刊行している本のジャンル**：絵本・児童書
6. **年間刊行点数**：年平均3点
7. **流通方法**：トランスビュー、取次（鍬谷書店）、子どもの文化普及協会、直取引
8. **Amazon**：直取引はしていません。取次に在庫確保をお願いしています。
9. **書店営業方法**：書店訪問は、専門店を中心に回っています。コロナの間はほとんど書店訪問ができなかったの

で、FAXとDM、Web商談を主にしていました。

10. 出版以外でしている仕事：編集仕事を請けています。ほかに、実父のレストラン事業の手伝いをして給与収入を得ています。

11. いままでに困ったこと、こうしておけばよかったと思ったこと：編集作業が立て込んでくると、営業が追いつかず、つくることと売ることが両立できていないなと思っています。本づくりを進める前に、ある程度の売る道筋を立てておくこと、制作だけでなく、販売のスケジューリングが大事だと思います。

12. これからひとり出版を始める人へのアドバイス：人脈は宝です。出版に関わるご縁はもちろんですが、同業者との関わりも大切にしておくことをおすすめします。ひとり出版社のいいところは、決定がすべて自分の裁量でできることですが、誰かに相談したいと思ったときに、なかなかできないということでもあります。相談できる同業者の仲間がいると、とても心強いです。ひだまり舎はまだまだ出版販売だけで利益を出せていないので、いろいろとほかの仕事もしながらの出版業です。軌道に乗るまでは、ほかに収入の手立てがあるというのは、安心材料になると思います。

コトニ社 | 後藤亨真 | 千葉県船橋市 |

人文書などを扱う出版社で10年ほど編集者を務めた後藤亨真が2019年8月に開業した出版社。「人文書」がもつ固いイメージを柔らかくしながらも、骨のある本を読者に提供したいと苦心している。造本にもこだわり、読者の方々が手に取りやすい時代に即したハンディな書物の実現も目指している。主な刊行書籍に、『「家庭料理」という戦場』『未来派』『世界裁判放浪記』などがある。
https://kotonisha.com/

1. **創業年と創業理由**：開業以前は一般読者との間に距離ができやすい難解な「人文書」を編集していたため、もう少し読者によりそった「人文書」っぽいユニークな本づくりも手がけたいと思ったのが動機です。とはいえ、論理的・計画的、かつ長期的視点にたって開業したわけではなく、むしろ直観的・衝動的、かつ短期的な動きで今に至ったというのが正直なところです。

2. **準備資金**：200万円
3. **法人か個人か**：個人（2022年度に法人化予定）
4. **事務所か自宅か**：自宅
5. **刊行している本のジャンル**：「人文書」を柱にしつつもこだわりはありません。
6. **年間刊行点数**：3、4点（来年は5点刊行したいです）
7. **流通方法**：直接取引はトランスビュー、取次経由は八木

書店（八木書店を通してすべての取次番線でご注文いただけます）

8. **Amazon**：e託などはしていません。

9. **書店営業方法**：FAX営業が中心です（書店営業にもっと力を入れたいです）。

10. **出版以外でしている仕事**：大学非常勤講師

11. **いままでに困ったこと、こうしておけばよかったと思ったこと**：行き当たりばったりでここまで歩んできましたので、「こうしておけばよかった」と思うことばかりなのですが、しいて言えば「準備資金」が300万円あれば、とは考えました。開業後、本が刊行されるまでの半年ほどは入金がありませんので、これくらいはあった方がよろしいかと思います。

12. **これからひとり出版を始める人へのアドバイス**：本づくりは「ひとり出版社」に限ります。「やりたい」と思った方はチャレンジしてみてはいかがでしょう。組織のなかでは味わえない本づくりの魅力と苦悩がここにはあります。編集はもちろんのこと、営業、経理等々もひとりでやっています。また、事務所は借りず、自宅の一室を編集部屋にしています。本づくりにかかわる直接的な経費以外の削減を最初は徹底していました。

株式会社みずき書林 | 岡田林太郎 | 東京都渋谷区 |

ひとり出版社。代表者、岡田林太郎。人文系の中堅出版社で16年勤務した後に独立。主な刊行物に、『マーシャル、父の戦場』『なぜ戦争をえがくのか』(ともに大川史織編)、『いかにしてアーサー王は日本で受容されサブカルチャー界に君臨したか』(岡本広毅・小宮真樹子編)、『この世の景色』(早坂暁著) など。定期刊行物、ZINE なども手掛ける。
https://www.mizukishorin.com/

1. **創業年と創業理由**：①前職で管理職を経験し、自分自身と働き方の変化を強く求めていたこと②丁寧に編集したいと思える、自分にとって大切な企画があったこと③ちょうど40歳になる直前だったこと。そのようないくつかの要因が重なり、2018年に創業に至りました。

2. **準備資金**：500万円

3. **法人か個人か**：法人（株式会社）

4. **事務所か自宅か**：自宅マンションの一室を事務所として使用

5. **刊行している本のジャンル**：人文書（歴史、文学など）

6. **年間刊行点数**：5冊

7. **流通方法**：トランスビュー、取次（八木書店）

8. **Amazon**：直取引およびマーケットプレイスはしていません。

9. **書店営業方法**：FAX中心。自分で訪問もするが、得意な

業務でもなく、効率がいいとも考えていない。

10. 出版以外でしている仕事：編集請負、大学非常勤講師

11. いままでに困ったこと、こうしておけばよかったと思ったこと：
創業4年目にして重い病気になり、今後の活動について見直さざるをえない状況になりました。維持・継続の困難がひとり出版社の大きな課題のひとつであるとは認識していましたが、このように早く具体的な問題になってくるとは予期していませんでした。出版社を残せなくても、刊行した書籍は残したいと考えており、2022年現在、仲間の出版社に声をかけて、版元がなくなっても書籍が入手できるかたちを模索しています。

12. これからひとり出版を始める人へのアドバイス：
ひとり出版社はひとりではできません。著者・デザイナー・印刷・製本・流通・書店・同業者……などなど、本をつくり売るための人のつながりを持っているか。まわりにいてくれる、ひとりひとりの具体的な顔と名前を思い浮かべることができるなら、ひとまず準備はOKです。

Book&Design | 宮後優子 | 東京都台東区 |

『デザインの現場』『Typography』などデザイン専門誌で編集長をしていた編集者、宮後優子が2018年に始めた芸術書の出版社。造本にこだわったアートブックや絵本、装幀やタイポグラフィ関連のデザイン書などを刊行している。主な刊行書籍に、絵本『うさぎがきいたおと』『〈美しい本〉の文化誌 装幀百十年の系譜』『欧文書体のつくり方 美しいカーブと心地よい字並びのために』などがある。
https://book-design.jp/

1. **創業年と創業理由**：実家の家業ほか、複数の仕事を兼業する働き方をするため、勤務していた出版社を退社。既存の出版社では刊行しづらい造本に凝った少部数の本やデザイン関係の翻訳書を出版したいと考え、2018年から個人で出版社とギャラリーを始めました。

2. **準備資金**：300万
3. **法人か個人か**：個人
4. **事務所か自宅か**：事務所
5. **本のジャンル**：芸術書（デザイン、アート）
6. **年間刊行点**：1〜2点
7. **流通方法**：トランスビュー
8. **Amazon の扱い**：直取引（e託）はせず、マーケットプレイスで販売
9. **書店営業方法**：外部委託（Book Town Traffic に依頼）

10. **出版以外の仕事**：実家の家業、執筆編集業務、ギャラ
    リー、レンタルスペース、デザイン学校の教員

11. **いままでに困ったこと、こうしておけばよかったと思ったこと**：
    2020年4、5月に新刊を発売しましたが、緊急事態宣言
    の影響でAmazon カート落ちが3か月続きました。その
    後もしばしばカートが落ち、困っていますが、改善さ
    れず、ほぼあきらめの境地。マーケットプレイスに新
    品を出品して対応しています。

12. **これからひとり出版を始める人へのアドバイス**：
    ひとり出版をするならば、読者層が安定していて価格
    帯が高めの専門書や、トレンドに左右されず、こつこ
    つと長く売れるような本、大手出版社が出さないタイ
    プの本が向いていると思います。自分の場合は、出版
    以外の仕事も兼業してリスクを分散しながら、出した
    い本を出版するというスタイルに落ち着きました。細
    く長く出版活動を続けるために、無理せず、自分にあっ
    た方法を探すことをおすすめします。

各出版社のアンケート結果はいかがでしたか？　紹介した8社のうち、前半4社は取次経由、後半4社はトランスビューまたは取次を併用して流通をしている出版社です。それぞれ刊行している本のジャンル、経歴、仕事のスタイルなどによって、活動内容も様々であることがわかるかと思います。出版社ごとにかなり違いが出ていて、どの出版社にも代表者の経歴や人となりが色濃く反映されているように感じました。そのため、ほかにはないユニークな本ができるのかもしれません。

　最近では、出版のほかに、書店を経営する出版社も増えてきています。売場を持つことで、お客様の反応や本の売れ筋などを直に感じられるのが書店経営のメリットでもあります。また、書店を開くことで、地域と交流したり、出版社のメッセージをダイレクトに伝えたりすることも可能です。古くは出版社が書店も経営していたので、出版社が書店を営むことは出版の原点回帰とも言えます。

　出版社経営だけでなく、書店、カフェ、ショップ、トークイベントやワークショップの開催など、ほかの仕事と組み合わせて運営している例も多く見られます。展覧会を開催し、会場で販売する図録を書籍として出版するなど、出版だけにとどまらない活動をしているところもあります。さまざまな事業を組み合わせた経営ができるのも、小規模

出版ならではと言えるでしょう。また、東京以外の地域で出版を始める版元も多く、その地域に根ざした活動も増えてきています。

[小規模出版の現状]

　アンケートでは紹介されていませんが、途中で流通方法を変えたり、出版活動を休止したりするケースもあります。うまくいかないときに、臨機応変に変化できるのも小規模出版のよいところ。私自身も試行錯誤を繰り返しながら、自分にあった活動方法を探っているのが現状です。

　トランスビュー協業社同士が集まって書店向けチラシの発送作業や情報交換をしたり、版元ドットコムのメーリングリストで困っている事案を共有したり、出版社同士の情報共有もさかんに行われています。今でもほかの出版社の方々に教えていただきながら、よりよい方法を模索し続けています。「この前まではOKだったのに最近ルールが変わった」ということもあるので、最新情報の収集も欠かせません。出版社をつくって終わりではなく、つねにアップデートが求められるように感じています。

[プライベートと事業継承について]

　今回、個別のアンケートには記載していませんが、プライベートについてもうかがいました。家族構成や家計もひ

とり出版社の活動内容に大きく影響してくると思ったから
です。以下、集計結果のみ掲載します。

・扶養家族の有無　　あり：2　なし：6
・生計を同じくする家族の有無　　あり：8　なし：0
・家賃負担の有無　　あり：5　なし：3

　全社に共通していたのは、生計を同じくする家族がいる
ということでした。ひとり出版は、自分が働けない状態に
なると運営が難しくなるため、生計をともにする家族がい
ることは大きな支えになります。いざというときに頼れる
家族がいると精神的にも楽です。

　ひとり出版は、すべてを自分で決められる自由さの反面、
すべてを自分でしなければならない大変さもあります。自
分が倒れたら終わりなので、日々の業務について自分以外
に把握している人がいると安心です。人を雇ったり、毎日
手伝ってもらったりするのは難しいかもしれませんが、い
ざというときに手伝ってもらえる人を確保しておくとよい
でしょう。ひとりではなく、2人で共同経営する場合もあ
りますが、途中でうまくいかなくなるパターンもあるので、
安易に始めないほうがいいかもしれません。

　今回アンケートに答えていただいた方々は、40〜60代で

した。今はまだ早いかもしれませんが、自分がいなくなったあとにどうするかという事業継承の問題があります。事業を誰かに継承してもらうのか、終了する場合はどのように終了するのか、を考えていかねばなりません。

　私はこの問題については、やや楽観的にとらえています。本が残るかぎり、著者やその本に理解のある別の出版社に託していけるからです。絶版になったとしても、何十年後かに復刻されたり、その時代にあった形で改訂されたりするかもしれません。いずれにしても、本の形にしておけば、次の世代に託せるのではないかと思っています。

[**これからの小規模出版**]
　個人でも出版できる便利な仕組みが登場し、ひとりでも出版を始めやすい環境が整ってきました。今後もさらに小規模出版は増えていくと思われます。既存の出版社と遜色ない本をつくるところとそうでないところの振れ幅も大きくなりそうですが、本を選ぶ選択肢が広がると考えることもできます。マーケティングによってつくられた売れそうな本だけではなく、個人の強い思いから生まれた本も同じ売場に並ぶほうが健全なのではないでしょうか。小規模出版によって、これからもそのような多様性が増えていくことを願っています。

本書で紹介したURLリスト

▶主なPOSデータサービス
・KINOKUNIYA PubLine（紀伊國屋書店）
　https://publine.kinokuniya.co.jp/publine/

・POSDATA うれ太（丸善ジュンク堂書店）
　http://www.junkudo.co.jp/

▶出版権設定契約ヒナ型
　https://www.jbpa.or.jp/publication/contract.html#pdf1

▶デザイナーを探す
・日本図書設計家協会　https://www.tosho-sekkei.gr.jp/
・Bird Graphics Book Store　https://www.bird-graphics.com/

▶ISBN取得
・日本図書コード管理センター
　https://isbn.jpo.or.jp/index.php/fix__get_isbn/

▶バーコード作成サイト
・バーコードどころ　https://barcode-place.azurewebsites.net/
・印刷通販のグラフィック「書籍売上カード（スリップ）テンプレート」
　https://www.graphic.jp/download/templates/35/

▶本文用紙紙厚一覧
　https://kyobasi.co.jp/product/cate01

▶校正
・鷗来堂　http://www.ouraidou.net/
・聚珍社　https://shuchin.co.jp/
・共同制作社　http://www.kyodo-de.com/

▶翻訳
- トランネット　https://www.trannet.co.jp/
- サイマル・インターナショナル　https://www.simul.co.jp/

▶書誌データ登録
- 版元ドットコム　https://www.hanmoto.com/
- JPRO（JPO 出版情報登録センター）　https://jpro2.jpo.or.jp/

▶特殊紙
- 竹尾　https://www.takeo.co.jp/
- 平和紙業　https://www.heiwapaper.co.jp/

▶本文用紙、板紙
- 京橋紙業 KYOBASHI ペーパーショールーム
  https://kyobasi.co.jp/paper_sr/showroom.html
- 日本製紙グループ 御茶ノ水ペーパーギャラリー
  https://www.nipponpapergroup.com/opg/
- 大和板紙　デザイナーズキット
  https://www.ecopaper.gr.jp/ed/designer.html

▶印刷
- 山田写真製版所　https://www.yppnet.co.jp/
- 東京印書館　https://www.inshokan.co.jp/
- 藤原印刷　https://www.fujiwara-i.com/
- アイワード　https://iword.co.jp/
- サンエムカラー　https://www.sunm.co.jp/

▶箔押し
- コスモテック　https://commercial-printer-720.business.site/

▶型抜き
・東北紙業社　http://tohoku-shigyosya.co.jp/

▶加工全般
・篠原紙工　https://www.s-shiko.co.jp/
・福永紙工　https://www.fukunaga-print.co.jp/

▶機械製本
・松岳社　http://www.shogakusha.co.jp/
・渡邉製本　http://www.watanabeseihon.com/

▶手製本
・美篶堂　http://misuzudo-b.com/

▶電子書籍関連会社
・ボイジャー（制作＋電子取次）　https://www.voyager.co.jp/
・DNP メディア・アート（制作）
　＋ モバイルブック・ジェーピー（電子取次）
　https://www.dnp.co.jp/group/dnp-mediaart/
　https://mobilebook.jp/
・スマートゲート（制作）　https://smartgate.jp/

▶主な直販サイトサービス
・BASE　https://thebase.in/
・STORES　https://stores.jp/

▶エージェント
・タトル・モリ エイジェンシー　https://www.tuttlemori.com/
・日本ユニ・エージェンシー　http://japanuni.co.jp/
・クリーク・アンド・リバー社　https://www.cri.co.jp/

▶海外のブックフェア
・フランクフルト・ブックフェア　https://www.buchmesse.de/en/
・ロンドン・ブックフェア　https://www.londonbookfair.co.uk/
・ボローニャ・ブックフェア
　http://www.bolognachildrensbookfair.com/en/home/878.html/
・ヨーテボリ・ブックフェア　https://goteborg-bookfair.com/
・世界のブックフェア一覧　http://www.1book.co.jp/000425.html

▶ディストリビューター
・Idea Books　https://www.ideabooks.nl/
・Art Data　https://artdata.co.uk/
・日販IPS　https://www.nippan-ips.co.jp/

▶本の発注
・BookCellar　https://www.bookcellar.jp/
・子どもの文化普及協会　https://b2b.kfkyokai.co.jp/
・一冊！取引所　https://1satsu.jp/

▶電子書籍ストア
紙と電子の両方を販売
・Amazon Kindle ストア　https://www.amazon.co.jp/
・楽天Kobo 電子書籍ストア　https://books.rakuten.co.jp/e-book/
・honto　https://honto.jp/
・ヨドバシ・ドット・コム　https://www.yodobashi.com/
電子のみ販売
・BookLive!　https://booklive.jp/
・d ブック　https://books.dmkt-sp.jp/

▶電子書籍の印税計算
・Smart Publishing　https://smartpublishing.jp

索引

参考文献

- 『出版社のつくり方読本』（岡部一郎・下村昭夫、出版メディアパル、2017）
- 『小さな出版社のつくり方』（永江朗、猿江商會、2016）
- 『小さな出版社のつづけ方』（永江朗、猿江商會、2021）
- 『"ひとり出版社"という働きかた』
  （西山雅子、河出書房新社、2015、増補改訂版 2021）
- 『あしたから出版社』（島田潤一郎、晶文社、2014、ちくま文庫 2022）
- 『ひとり出版社「岩田書院」の舞台裏』（岩田博、無明舎出版、2003）
- 『まっ直ぐに本を売る ラディカルな出版「直取引」の方法』
  （石橋毅史、苦楽堂、2016）
- 『HAB 本と流通』（エイチアンドエスカンパニー、2016）
- 『よくわかる出版流通の実務』（松井祐輔、H.A.B、2021）
- 『標準 編集必携 第2版』（日本エディタースクール編、
  日本エディタースクール出版部、2002）
- 『標準 校正必携 第8版』（日本エディタースクール編、
  日本エディタースクール出版部、2011）
- 『デザインの現場BOOK 印刷と紙』
  （デザインの現場編集部、美術出版社、2010）
- 『〈美しい本〉の文化誌 装幀百十年の系譜』
  （臼田捷治、Book&Design、2020）
- 『デザインの現場 no.110 印刷に差がつく製版のコツ』
  （デザインの現場編集部、美術出版社、2000）
- 『デザインの現場 no.123 印刷名人35人 大事な仕事はこの人に頼みたい！』
  （デザインの現場編集部、美術出版社、2002）
- 『デザインの現場 no.129 特殊印刷加工・ガイドブック2003』
  （デザインの現場編集部、美術出版社、2003）
- 『デザインの現場 no.130 本をつくりたい!!』
  （デザインの現場編集部、美術出版社、2003）
- 『デザインの現場 no.148 紙選びのABC』
  （デザインの現場編集部、美術出版社、2006）
- 『デザインの現場 no.167 これからの本のつくりかた』
  （デザインの現場編集部、美術出版社、2009）

- 『新版　本づくりこれだけは　編集・デザイン・校正・DTP組版のノウハウ集』（下村昭夫・荒瀬光治・大西寿男・高田信夫 共著、出版メディアパル、2020）
- 『よくわかる出版流通のしくみ 2021-22年版』（メディアパル、2021）
- 『出版営業ハンドブック（基礎編）改訂2版　変貌する出版界とこれからの販売戦略』（岡部一郎、出版メディアパル、2017）
- 『出版営業ハンドブック（実践編）改訂2版　老舗出版社の極意・中堅出版社の挑戦と販売戦略』（岡部一郎、出版メディアパル、2017）
- 『編集デザイン入門〈改訂2版〉　編集者・デザイナーのための視覚表現入門』（荒瀬光治、出版メディアパル、2015）
- 『本の知識　本に関心のあるすべての人へ！』（日本エディタースクール編、日本エディタースクール出版部、2009）
- 『文字組版入門　第2版』（モリサワ・日本エディタースクール編、日本エディタースクール出版部、2013年）
- 『編集デザインの教科書 第4版』（工藤強勝著、日経デザイン編、日経BP社、2015）
- 『デザイン解体新書』（工藤強勝監修、ワークスコーポレーション、2006）
- 『入稿データのつくりかた　CMYK4色印刷・特色2色印刷・名刺・ハガキ・同人誌・グッズ類』（井上のきあ、エムディエヌコーポレーション、2018）
- 『いとしの印刷ボーイズ』（奈良裕己、ワン・パブリッシング、2021）

おわりに

　ここまで読んでいただき、ありがとうございます。出版を始めたい方のお役に立てましたでしょうか?

　経験豊富な先輩方を差しおいて、このような本を書くのはおこがましいのですが、最近、ひとり出版について相談を受けたり、セミナーでお話ししたりすることが増えたため、本にまとめておくことにしました。本書の内容は、2020年から青山ブックセンター本店の青山ブックスクールで開催されている「出版を始めたいクリエイターのためのセルフ・パブリッシング講座」でお話ししていることがベースになっています。本のつくり方から売り方まで、出版を始めるにあたり、必要な実務をまとめたつもりです。ネットに断片的な情報はあるものの、リアルな出版実務を1冊にまとめた本は少ないので、出版を志す方々の参考になれば幸いです。

　Book&Designから刊行した書籍『〈美しい本〉の文化誌 装幀百十年の系譜』のトークイベントを企画してくださった、よはく舎の小林えみさんに本書の編集と出版をしていただきました。また、そのトークイベントでご一緒し、『〈美しい本〉の文化誌』の印刷を担当してくださった藤原印刷の藤原章次さんに本書の印刷もお願いしました。ブックデザインでは、編集担当書籍をデザインしていただいている守屋史世さんにお世話になりました。校正は牟田都子さん

にお願いすることがかないました。素晴らしい本をつくり続けている皆様のお力をお借りできたことを非常にうれしく思います。

　ひとり出版を始めるにあたり、お話を聞かせていただいた出版社や書店の皆様、ありがとうございました。皆様からのアドバイスがなければ、到底始められなかったと思います。また、約30年間、複数の出版社にわたる編集者生活の中でお世話になった出版・デザイン業界の皆様にもこの場を借りて御礼申し上げます。

　そして、この本を手にとって最後まで読んでいただいた皆様、ありがとうございました。「出版業はなかなか大変そう」「自分にもできるかも」など、いろいろな感想を持たれたかと思います。本書が皆様の本づくりに少しでもお役に立てたら幸いです。

2022年7月

宮後 優子

宮後 優子

編集者。東京藝術大学美術学部芸術学科卒業後、出版社勤務。
1997年よりデザイン書の編集に従事。デザイン専門誌『デザ
インの現場』『Typography』の編集長を経て、2018年に個人
出版社、ギャラリー「Book&Design」を設立。日本デザイン
学会正会員。共著『要点で学ぶ、ロゴの法則150』(BNN)。
https://book-design.jp/

ひとり出版入門 つくって売るということ

2022年9月23日　初版第1刷発行
2023年6月10日　初版第3刷発行

著者　　宮後優子
装幀　　守屋史世 (ea)
編集　　小林えみ、宮後優子
校正　　牟田都子
印刷　　藤原印刷

発行人　小林えみ

発行　　よはく舎
　　　　〒183-0021　東京都府中市片町2-21-9 ハートワンプラザ3階
　　　　電話：080-7416-8910　　FAX：042-633-0736

ISBN 978-4-910327-08-2　C0036